2018年度注册会计师全国统一考试·真题解析丛书

会计 考点深度解析与应试重点讲解

注册会计师全国统一考试命题深度研究与解析中心 主编

企业管理出版社
ENTERPRISE MANAGEMENT PUBLISHING HOUSE

图书在版编目（CIP）数据

会计考点深度解析与应试重点讲解 / 注册会计师全国统一考试命题深度研究与解析中心主编. — 北京：企业管理出版社，2017.12

ISBN 978-7-5164-1643-3

Ⅰ.①会… Ⅱ.①注… Ⅲ.①会计学—资格考试—自学参考资料 Ⅳ.①F230

中国版本图书馆CIP数据核字（2017）第301067号

书　　名：	会计考点深度解析与应试重点讲解
作　　者：	注册会计师全国统一考试命题深度研究与解析中心
责任编辑：	聂无逸
书　　号：	ISBN 978-7-5164-1643-3
出版发行：	企业管理出版社
地　　址：	北京市海淀区紫竹院南路17号　邮编：100048
网　　址：	http://www.emph.cn
电　　话：	总编室（010）68701719　发行部（010）68701816　编辑部（010）68701891
电子信箱：	niewuyi88@sina.com
印　　刷：	北京宝昌彩色印刷有限公司
经　　销：	新华书店
规　　格：	787毫米×1092毫米　16开本　12印张　214千字
版　　次：	2018年1月第1版　2018年1月第1次印刷
定　　价：	36.00元

版权所有　翻印必究·印装错误　负责调换

前言

注册会计师考试（简称"CPA考试"）是根据《中华人民共和国注册会计师法》设立的职业资格考试，是国内目前公认难度最大、也是含金量最高的职业资格考试之一。

备战CPA考试是一个自我磨砺与提升的过程，通过率历来都比较低，但每年都有很多考生一次通过三门甚至更多，同时也有不少考生每每徘徊在58分、59分，与注册会计师证书只有一步之遥。如何有效备战CPA考试，每个人都有自己的心得体会，而研习历年真题则是每个考生的"必经之路"。

历年真题是质量最高的考试模拟，通过练习真题，我们能够更好把握考试重点、出题思路、考试难度和题型题量。可以说，历年真题是CPA考生的必备法宝。

为让更多考生能够顺利通过考试，有关专家们抓住2018年考试的核心考点，全面解析、突出重点，在过去真题详解的基础上增加了2017年注册会计师考试真题及解析的相关内容，以凸显内容的针对性。在本书中，我们紧扣CPA考试大纲和教材要求，并根据以往的命题规律，结合最新财税政策，进行详细而准确的解答。考生应当在学习完成所有考试知识点并针对性地完成相应章节练习题之后，在较全面的知识框架体系基础上进行历年真题的套题训练。

对历年真题的运用，我们提出以下建议：

（1）最近几年尤其是最近三年的真题具有重要意义，要充分重视。近三年真题展现了考试命题趋势与风格变化。考生朋友的备考时间无论再紧迫，建议您至少要完成最近三年的真题练习并及时总结经验和教训。

（2）切忌不定时、零碎化练习。CPA考试有严格的时间限制，知识点的考核难度不是很大，但要求熟练地掌握，考生想要在有限时间内高效完成考试离不开平时的规范练习，就真题训练而言，必须杜绝不定时、不完整的零碎化练习，一套真题需要定时且完整地完成，尤其是要克服只愿练习选择题而不做大题的犯懒心态，同时，我们建议您最好是在电脑上用计时器倒计时并在 Word 等软件上进行答案编辑，这样训练的效果会更好。

（3）寻找自己最有效率的做题顺序。不同的考生对做题顺序有不同偏好，部分考生认为简答题和综合题的难度不大且分值较高，从而选择先做简答题和综合题再做选择题，也有部分考生认为选择题的错误率高且对通过考试具有重要意义，从而选择按照试题顺序做题。这两种做题顺序不存在绝对的好与坏，更重要的是个人习惯，因此我们建议考生最少对两种做题顺序都分别进行至少一套真题的练习，在规定的时间内完成后，对比两种顺序下的做题效果。

（4）真题练习不宜过早。真题练习的时间非常重要，切忌过早进行真题的套题训练，一般在考试前半个月内进行练习比较好，一方面可以对知识点进行查漏补缺，另一方面可以保持真题训练的"最佳手感"与考试状态，过早练习不利于复习和激发考试临境感。

（5）反复练习真题，不要过多关注模拟题。真题的价值远远高于模拟题，非常值得考生反复练习，考试可以建立自己的错题本，错误的题目可以立马重复做几遍，达到一看就会一做就对的效果，这往往比隔段时间再做一遍会更有效果；时间紧急的情况下果断放弃模拟题而选择历年真题，时间充裕的情况下也不宜过多关注模拟题。

CPA 考试难度较大，每年通过率较低，对考生的基本知识掌握情况有很高的要求，也需要考生有较好的应试技巧与备考心态。无论是对于专业考生还是零基础考生而言，备战 CPA 考试都是一个比较漫长的道路，需要提前做准备，企图靠临时冲刺来通过此门考试基本是不可能的。所以，对于 CPA 考试，我们为考生朋友提供如下备考建议：

首先，进行全面学习和知识点的巩固练习，这是最为重要的阶段。以中国注册会计师协会指定的教材为核心并结合相关考试资料，在八月下旬之前将各科知识过一遍，每一科目学完一章后要及时完成相应知识点练习。在第一次过课本时要将知识点全部覆盖到，同时建立起知识框架，进行知识点的总结，切忌赶速度而不顾质量；经济法、公司战略、审计等强调记忆的学科需要在第一遍学习时就有意识地记忆；值得注意的是，每章知识点学习完成后最好配合相应的巩固和练习，要有适当的练习量，光学知识点而不做题目很可能带来极低的成效。

其次，从八月下旬开始，主要以做套题为主，同时，需要记忆的科目要加强知识点的记忆和巩固。这个阶段的主要工作就是在做历年真题的同时回到课本中复习相应的知识点，精确理解知识点，在第一阶段框架的基础上进行填充细节的工作，此时特别要注意做题时求精不求多，要善于总结归纳。审计、经济法、公司战略这几个科目需要熟练记忆，在该阶段要加强理解，并进行背诵与反复回顾。

"宝剑锋从磨砺出、梅花香自苦寒来。"CPA考试没有捷径，只有一步一个脚印、踏踏实实复习备战，才有可能顺利通过考试。最后预祝广大考生们取得好成绩！

由于编者水平和时间的限制，本套真题解析可能多有疏漏，敬请读者批评指正。

编者
2017年12月

目录

2017 年度注册会计师全国统一考试·会计考试真题 ……………………………………… 1

2017 年度注册会计师全国统一考试·会计考试真题
　　参考答案深度全面解析与应试重点 ……………………………………… 16

2016 年度注册会计师全国统一考试·会计考试真题 ……………………………………… 31

2016 年度注册会计师全国统一考试·会计考试真题
　　参考答案深度全面解析与应试重点 ……………………………………… 46

2015 年度注册会计师全国统一考试·会计考试真题 ……………………………………… 63

2015 年度注册会计师全国统一考试·会计考试真题
　　参考答案深度全面解析与应试重点 ……………………………………… 78

2014 年度注册会计师全国统一考试·会计考试真题（A 卷）……………………………… 97

2014 年度注册会计师全国统一考试·会计考试真题（A 卷）
　　参考答案深度全面解析与应试重点 ……………………………………… 110

2014 年度注册会计师全国统一考试·会计考试真题（B 卷）……………………………… 124

2014 年度注册会计师全国统一考试·会计考试真题（B 卷）
　　参考答案深度全面解析与应试重点 ……………………………………… 136

2013 年度注册会计师全国统一考试·会计考试真题 ……………………………………… 151

2013 年度注册会计师全国统一考试·会计考试真题
　　参考答案深度全面解析与应试重点 ……………………………………… 166

2017年度注册会计师全国统一考试·会计考试真题

一、单项选择题

1. 2×17年，甲公司发生事项如下：①购入商品应付乙公司账款2000万元，以库存商品偿付该欠款的20%，其余以银行存款支付；②以持有的公允价值2500万元对子公司（丙）投资换取公允价值为2400万元的丁公司25%股权，补价100万元，以现金收取并存入银行；③以分期收款结算方式销售大型设备，款项分3年收回；④甲公司对戊公司发行自身普通股，取得戊公司持有已公司的80%股权。上述交易均发生于非关联啊方之间，不考虑其他因素，下列各项关于甲公司2×17发生上述交易中，属于非货币资产交换的是（ ）。

  A. 分期收款销售大型设备
  B. 以甲公司普通股取得已公司80%股权
  C. 库存商品和银行存款偿付乙公司款项
  D. 以持有的丙公司股权换丁公司股权并收到部分现金补价

2. 甲公司为境内上市公司，2×17年甲公司涉及普通股股数有关资料如下：①年初发行在外普通股25000万股；②3月1日发行普通股2000万股；③5月5日，回购普通股800万股；④5月30日注销库存股800万股，下列各项中不会影响甲公司2×17年基本每股收益金额的是（ ）。

  A. 当年发行的普通股股数　　　　B. 当年注销的库存股股数
  C. 当年回购的普通股股数　　　　D. 年初发行在外的普通股股数

3. 甲公司在编制2×17年度财务报表时，发现2×16年度某项管理用无形资产未摊销，应摊销金额20万元，甲公司将该20万元补记得摊销额计入2×17年度的管理费用，甲公司2×16年和2×17年实现的净利润分别为20000万元和15000万元，不考虑其他因素，甲公司上述会计处理体现会计信息质量要求的是（ ）。

  A. 重要性　　　　　　　　B. 相关性
  C. 可比性　　　　　　　　D. 及时性

4.甲公司为境内上市公司，2×17年甲发生的导致净资产变动如下：①接受其大股东捐赠500万元；②当年将作为存货的商品房改为出租，甲公司对投资性房地产采用公允价值模式进行后续计量，转换日，商品房的公允价值大于其账面价值800万元；③按照持股比例计算应享有联营企业其他综合收益变动份额3500万元；④现金流量套期工具产生的利得中属于有效套期部分的净额120万元。下列各项中关于甲公司对上述交易或事项产生的净资产变动在以后期间不能转入损益的是（　　）。

A 接受大股东捐赠

B 商品房改为出租时公允价值与其账面价值的差额

C 现金流量套期工具产生的利得中属于有效套期的部分

D 按照持股比例计算应享有联营企业其他综合收益变动份额

5.2×17年1月1日，甲公司经批准发行10亿元优先股，发行合同规定：①期限5年，前5年票面年利率固定为6%，从第6年起，每5年重置一次利率，重置利率为基准利率加上2%，最高不超过9%；②如果甲公司连续3年不分派优先股股利，投资者有权决定是否回售；③甲公司可根据相应的议事机制决定是否派发优先股股利（非累计），但如果分配普通股股利，则必须先支付优先股股利；④如果因甲公司不能控制的原因导致控股股东发生变更的，甲公司必须按面值赎回该优先股。不考虑其他因素，下列各项关于甲公司上述发行优先股合同设定的条件会导致优先股不能分类为所有者权益的因素是（　　）。

A.5年重置利率

B.股利推动机制

C.甲公司控股股东变更

D.投资者有回售优先股的决定权

6.2×16年1月1日，甲公司经股东大会批准与其高管人员签订股份支付协议，协议约定：等待期为自2×16年1月1日起两年，两年期满有关高管人员在甲公司工作且每年净资产收益率不低于15%的，高管人员每人可无偿取得10万股甲公司股票。甲公司普通股按董事会批准该股份支付协议前20天平均市场价格计算的公允价值为20元/股，授予日甲公司普通股的公允价值为18元/股。2×16年12月31日，甲公司普通股的公允价值25元/股。根据甲公司生产经营情况及市场价格波动等因素综合考虑，甲公司预计该股份支付行权日其普通股的公允价值为

24元/股。不考虑其他因素，下列各项中，属于甲公司在计算2×16年因该股份支付确认费用时应使用的普通股的公允价值是（   ）。

　　A. 预计行权日甲公司普通股的公允价值

　　B. 2×16年1月1日甲公司普通股的公允价值

　　C. 2×16年12月31日甲公司普通股的公允价值

　　D. 董事会批准该股份支付协议前20天按甲公司普通股平均市场价格计算的公允价值

　　7. 乙公司为丙公司和丁公司共同投资设立。2×17年1月1日，乙公司增资扩股，甲公司出资450万元取得乙公司30%股权并能够对其施加重大影响。甲公司投资日，乙公司可辨认净资产的公允价值和账面价值均为1600万元。2×17年，乙公司实现净利润900万元，其它综合收益增加120万元。甲公司拟长期持有对乙公司的投资。甲公司适用的所得税税率为25%。不考虑其它因素，下列各项关于甲公司2×17年对乙公司投资相关会计处理的表中，正确的是（   ）。

　　A. 按照实际出资金额确定对乙公司投资的投资资本

　　B. 将按持股比例计算应享有乙公司其它综合收益变动的份额确认为投资收益

　　C. 投资时将实际出资金额与享有乙公司可辨认净资产份额之间的差额确认为其他综合收益

　　D. 对乙公司投资年末账面价值与计税基础不同产生的应纳税暂时性差异，不应确认递延所得税负债

　　8. 下列各项中，应计入存货成本的是（   ）。

　　A. 超定额的废品损失

　　B. 季节性停工损失

　　C. 采购材料入库后的存储费用

　　D. 新产品研发人员的薪酬

　　9. 下列不构成融资租赁中最低租赁付款额组成的是（   ）。

　　A. 承租人应支付所能被要求支付的款项

　　B. 履约成本

　　C. 独立于承租人和出租人的第三方担保的资产余值

　　D. 承租人或与其有关的第三方担保的资产余值

10. 下列各项中，应当进行追溯调整会计处理的是（　　）。

A. 持有至到期投资重分类为可供出售金融资产

B. 分类为权益工具的金融工具因不再满足规定条件重分类为金融负债

C. 划分为持有待售的固定资产不再满足持有待售条件而不再继续划分为持有待售类别

D. 划分为持有待售的对联营企业投资因不再满足持有待售条件而不再继续划分为持有待售类别

11. 甲公司为增值税一般纳税人，2×17年1月1日，甲公司库存原材料的账面余额为2500万元，账面价值为2000万元；当年购入原材料增值税专用发票注明的为3000万元，增值税进项税额为510万元，当年领用原材料按先进先出法计算发生的成本为2800万元（不含存货跌价准备）；当年末原材料的成本大于其可变现净值，两者之差为300万元，不考虑其他因素，甲公司2×17年12月31日原材料账面价值是（　　）。

A. 2400万元

B. 2710万元

C. 3010万元

D. 2200万元

12. 甲公司2×16年1月开始研发一项新技术，2×17年1月进入开发阶段，2×17年12月31日完成开发并申请了专利。该项目2×16年发生研究费用600万元，截至2×17年末累计发生研发费用1600万元，其中符合资本化条件的金额为1000万元，按照税法规定，研发支出可按实际支出的150%税前抵扣。不考虑其他因素，下列各项关于甲公司上述研发项目会计处理的表述中，正确的是（　　）。

A. 将研发项目发生的研究费用确认为长期待摊费用

B. 实际发生的研发费用与其可予税前抵扣金额的差额确认递延所得税资产

C. 自符合资本化条件起至达到预定用途时所发生的研发费用资本化计入无形资产

D. 研发项目在达到预定用途后，将所发生全部研究和开发费用可予以税前抵扣金额的所得税影响额确认为所得税费用

二、多项选择题

1. 甲公司为境内上市的非投资性主体，其持有其他企业股权或权益的情况如下：（1）持有乙公司30%股权并能对其施加重大影响；（2）持有丙公司50%股权并能与丙公司的另一投资方共同控制丙公司；（3）持有丁公司5%股权丁且对丁公司不具有控制、共同控制和重大影响；（4）持有戊结构化主体的权益并能对其施加重大影响。下列各项关于甲公司持有其他企业股权或权益会计处理的表述中，正确的有（   ）。

A. 甲公司对丙公司的投资采用成本法进行后续计量

B. 甲公司对乙公司的投资采用权益法进行后续计量

C. 甲公司对戊公司的投资采用公允价值进行后续计量

D. 甲公司对丁公司的投资采用公允价值进行后续计量

2. 2×17年甲公司与其子公司（乙公司）发生的有关交易或事项如下：（1）甲公司收到乙公司分派的现金股利600万元；（2）甲公司将其生产的产品出售给乙公司用于对外销售，收到价款及增值税585万元；（3）乙公司偿还上年度自甲公司购买产品的货款900万元；（4）乙公司将土地使用权及其地上厂房出售给甲公司用于其生产，收到现金3500万元，下列各项关于甲公司上述交易或事项在编制合并现金流量表应予抵消的表述中，正确的有（   ）。

A. 甲公司投资活动收到的现金900万元与乙公司筹资活动支付的现金900万元抵销

B. 甲公司经营活动收到的现金585万元与乙公司经营活动支付的现金585万元抵销

C. 甲公司投资活动支付的现金3500万元与乙公司投资活动收到的现金3500万元抵销

D. 甲公司投资活动收到的现金600万元与乙公司筹资活动支付的现金600万元抵销

3. 甲公司为增值税一般的纳税人。2×17年1月1日，甲公司通过公开拍卖市场以5000万元购买一块可使用50年的土地使用权，用于建造商品房。为建造商品房，甲公司于2×17年3月1日向银行专门借款4000万元，年利率5%（等于实际利率），截至2×17年12月31日，建造商品房累计支出5000万元，增值税进项税额585万元，商品房尚在建造过程中，专门借款未使用期间获得投资收益5万元。不考虑其他因素，下列各项关于甲公司购买土地使用权建造商品房累计处理的表述中，正确的有（　　）。

A. 2×17年专门借款应支付的利息计入所建造的商品房的成本

B. 购买土地使用权发生的成本计入所开发商品房的成本

C. 专门借款未使用期间获得的投资收益冲减所建造的商品房的成本

D. 建造商品房所支付的增值税进项税额计入所建造商品房的成本

4. 甲公司欠乙公司货款1500万元，因甲公司发生财务困难，无法偿还已逾期的欠款，为此，甲公司与乙公司协商一致，于2×17年6月4日签订债务重组协议：甲公司以其拥有的账面价值为650万元，公允价值为700万元的设备以及账面价值为500万元，公允价值为600万元的库存商品抵偿乙公司货款，差额部分于2×18年6月底前以现金偿付80%，其余部分予以豁免，双方已于2×17年6月30日办理了相关资产交接手续。甲乙公司不存在关联方关系。不考虑相关税费及其他因素，下列各项关于甲公司上述交易于2×17年会计处理的表述中，正确的有（　　）。

A. 甲确认延期偿付乙公司货款280万元的负债

B. 甲公司确认债务重组利得40万元

C. 甲抵债设备按公允价值与其账面价值的差额50万元确认处置利得

D. 甲抵债库存商品按公允价值600万元确认营业收入

5. 2×16年末，甲公司某项资产组（均为非金融长期资产）存在减值迹象，经减值测试，预计资产组的未来现金流量现值4000万元，公允价值减去处置是用后的净额为3900万元；该资产组资产的账面价值5500万元，其中商誉的账面价值为300万元。2×17年末，该资产组的账面价值为3800万元。预计未来现金流量现值为5600万元，公允价值减去处置用后的净额为5000万元。该资产组2×16前未计提减值准备，不考虑其他因素，下列各项关于甲公司对该资产组减值会计处理的表述中，正确的有（　　）。

A. 2×16年末应计提资产组减值准备1500万元

B. 2×17年末资产组的账面价值为3800万元

C. 2×16年末应对资产组包含的商誉计提300万元的减值准备

D. 2×17年末资产组中商誉的账面价值为300万元

6. 2×16年末，甲公司与财务报表列报相关的事项如下：（1）购买的国债将于2×17年5月到期；（2）乙公司定制的产品尚在加工中，预计将于2×18年10月完工并交付乙公司；（3）甲公司发行的公司债券2×17年11月到期兑付；（4）向银行借入的款项预计将于2×17年6月到期，但甲公司可以自主地将清债义务延期至2×19年6月，甲公司预计将延期两年清偿该债务。不考虑其他因素，下列各项关于甲公司上述事项于2×16年末资产负债表列报的表述中正确的有（　　）。

A. 甲公司可自主延期的银行存款作为流动负债列报

B. 为乙公司加工的定制产品作为流动资产列报

C. 甲公司发行的将于2×17年11月到期兑付的债券作为流动负债列报

D. 甲公司持有的将于2×17年5月到期的国债作为流动资产列报

7. 2×17年，甲公司发生与职工薪酬有关的交易或事项如下：（1）以甲公司生产的产品作为福利发放给职工，产品生产成本1500万元，市场价1800万元；（2）为职工缴纳200万元"五险一金"；（3）根据职工入职期限，分别可以享受5至15天年假，当年未用完的带薪休假权利取消，甲公司职工平均日工资为120元/人；（4）对管理人员实施2×17年度的利润分享计划，按当年度利润实现情况，相关管理人员，可分享利润500万元，不考虑其他因素，下列各项关于甲公司2×17年与职工薪酬有关会计处理的表述中正确的有（　　）。

A. 管理人员应分享的利润确认为当期费用计入损益

B. 对于职工未享受的休假权利无需进行会计处理

C. 为职工缴纳的"五险一金"按照职工所在岗位分别确认为相关成本费用

D. 以产品作为福利发放给员工按产品的生产成本计入相关成本费用

8. 2×15年12月31日，甲公司以某项固定资产及现金与其他三家公司共同出资设立乙公司，甲公司持有乙公司60%股权，能够对其实施控制，当日，双方办理了与固定资产所有权转移的相关手续。该固定资产的账面价值2000万元，公允价值2600万元。乙公司预计上述固定资产高价使用10年，预计净残值为0，使用年限平均法计提折旧，年计提折旧额直接计入当期管理费用，不考虑其他，下列各项关于甲公司在编制合并财务报表时会计处理的表述中正确的有（　　）。

A. 2×15年合并利润表营业外收入项目抵销600万元

B. 2×16年合并利润表管理费用项目抵销60万元

C. 2×17年末合并资产负债表未分配利润项目的年初数抵销540万元

D. 2×17年末合并资产负债表固定资产项目抵销480万元

9. 甲公司专门从事大型设备制造与销售，设立后即召开董事会会议，确定有关会计政策和会计估计事项。下列各项关于甲公司董事会确定的事项中，属于会计政策有（　　）。

A. 投资性房地产采用公允价值模式进行后续计量

B. 建造合同按照完工百分比法确认收入

C. 融资租入的固定资产作为甲公司的固定资产进行核算

D. 按照生产设计预计生产能力确定固定资产的使用寿命

10. 甲公司以人民币为记账本位币。2×17年发生的有关外币交易或事项如下：（1）美元资本投入，合同约定的折算汇率转入美元资本当日的即期汇率不同；（2）支付应付美元货款，支付当日的即期汇率与应付美元货款的账面汇率不同；（3）年末折算汇率与交易发生时或账面汇率不同。不考虑应予资本化的金额及其他因素。下列各项关于甲公司2×17年上述外币交易或事项会计处理的表述中，正确的是（　　）。

A. 收到外币美元资本投入时按合同约定的折算汇率折算的人民币记账

B. 偿还美元中账款时按偿还当日的即期汇率折算为人民币记账

C. 各外币货币性项目按年末汇率折算的人民币金额与其账面人民币金额的差额计入当期损益

D. 外币美元资本于年末按年末汇率折算的人民币金额调整其账面价值

三、计算分析题

1. 2×16年发生的与职工薪酬相关的事项如下：

（1）4月10日甲公司董事会通过表决，以本公司的自产产品作为奖品，对乙车间全体员工超额完成一季度生产任务进行奖励，每位员工奖励一件产品，该车间员工总数200人，其中车间管理人员30人，一线生产工人170人。发放给员工的本公司产品市场售价为4000/件，成本为1800元/件。4月20日，将200件产品发放给员工。

（2）甲公司共有2000名员工，从2×16年1月1日起该公司实行累积带薪缺勤制度，规定每个职工可享受7个工作日的带薪假，未使用的年休假可以向后结转1个会计年度，超过期限作废，员工离职后不能取得现金支付。2×16年12月31日，每位职工当年平均未使用的假期为2天。根据过去经验的预期该经验继续适用，甲公司预计2×17年有1800名员工将享受不超过7天的带薪假期，剩余200名员工每人平均享受8.5天的带薪休假。该200名员工中150名为销售人员，50名为高管等管理人员。甲公司平均每名员工每个工作日的工资400元，甲公司职工年休假以后进先出为基础，即带薪假期先从本年度享受的权利中扣除。

（3）甲公司正在研发丙研发项目，2×16年共发生项目研发人员工资200万元，其中自2×16年年初至6月30日期间发放的研发人员工资120万元，属于费用化支出，7月1日到11月30日研发项目达到预定用途前发放的研发人员工资80万元属于资本化支出，人员工资已经以银行存款支付。

（4）2×16年12月20日甲公司董事会做出决议，拟关闭在某地区的一个公司，针对该公司员工进行补偿，具体为：因为未达到法定退休年龄，提前离开公司的员工。另外自其达到法定退休年龄后，按照每月1000元的标准给了退休给予退休人员补偿。涉及员工80人，每人30万元的一次性补偿2400万元已于12月26日支付。每月1000元的全体的补偿将于2×17年1月1日陆续发放，根据精算结果甲公司估计补偿义务的现值为1200万元。其他有关资料：甲公司为增值税一批纳税人，适用的增值税率为17%，本题不考虑其他因素。

要求：

就甲公司2×16年发生的与职工薪酬有关的事项，逐项说明其应进行的会计处理，并编制相关会计分录。

2. 甲股份有限公司（以下简称"甲公司"）2×16年发生的有关交易和事项如下：

（1）1月2日，甲公司支付3600万元银行存款，取得丙公司30%的股权，当日丙公司可辨认净资产公允价值为14000万元。有关可辨认资产、负债的公允价值与账面价值相同，甲公司取得该股权后，向丙公司董事会分派出一名成员，参与丙公司的日常经营决策。2×16年丙公司实现净利润2000万元，持有可供出售金融资产当年市场价格下跌300万元，但尚未达到丙公司确定的应对可供出售金融资产计提减值准备的标准。2×16年12月31日丙公司引用新投资者，新投资者向丙公司投入4000万元，新投资者加入后，甲公司持有丙公司的股权比例降至25%，但仍能够对丙公司施加重大影响。

（2）6月30日，甲公司将原作为办公用房的一栋房产对外出租，该房产原值为3000万，至租赁期开始日已计提折旧1200万元，未计提减值。房产公允价值为1680万元。2×16年12月31日，周边租赁市场租金水平上升，甲公司采用公允价值后续计量，当日根据租金折现法估计，甲公司估计该房产的公允价值为1980万元。

（3）8月20日，甲公司以一项土地使用权为对价，自母公司购入其持有的一项对乙公司60%的股权（甲公司的母公司自2×14年2月起持有乙公司股权），另以银行存款向母公司支付补价3000万元。当日甲公司土地使用权成本为12000万元，累计摊销1200万元，未计提减值损失，公允为19000万元。乙公司可辨认净资产的公允价值为3800万元，所有者权益账面价值为8000万元（含原吸收合并时产生的商誉1200万元）。取得乙公司60%的股权当日，甲公司与母公司办理完成了相关资产的所有权转让及乙公司工商登记手续，甲公司能够对乙公司实际控制。

其他相关资料：除上述交易或事项外，甲公司2×16年未发生其他可能影响其他综合收益的交易或事项。本题中不考虑所得税等相关税费影响以及其他因素。

要求：

（1）就甲公司2×16年发生的有关交易和事项，分别说明是否影响甲公司2×16年利润表中列报的其他综合收益，并编制与所发生交易或事项相关的会计分录。

（2）计算甲公司2×16年利润表中其他综合收益总额。

四、综合题

1. 甲公司为境内上市公司，2×16年度，甲公司经注册会计师审计前的净利润为35000万元。其2×16年度财务报告于2×17年4月25日经董事会批准对外报出。注册会计师在对甲公司2×16年度财务报表审计时，对下列有关交易或事项的会计处理提出质疑：

（1）2×16年1月1日，甲公司以1000万元购买了乙公司资产支持计划项目发行的收益凭证，根据合同约定，该收益凭证期限为三年，预计年收益率6%，当年收益于下年1月底前支付；收益凭证到期时按资产支持计划所涉及的资产的实际现金流量情况支付全部或部分本金；发行方不保证偿还全部本金和支付按照预计收益率计算的收益。甲公司计划持有该收益凭证至到期，该收益凭证于2×16年12月31日的公允价值为980万元，2×16年度，甲公司的会计处理如下：

  借：持有至到期投资   1000

    贷：银行存款   1000

  借：应收账款   60

    贷：投资收益   60

（2）2×16年6月20日，甲公司与丁公司签订售后租回协议，将其使用的一栋办公楼出售给丁公司，出售价格为12500万元，款项已经收存银行。根据协议约定，甲公司于2×16年7月1日起向丁公司租赁该办公楼，租赁期限为5年，每半年支付租赁费用250万元，该办公楼的原价为8500万元，2×16年7月1日的公允价值为11000万元；截至2×16年7月1日该办公楼已提折旧1700万元，预计该办公楼尚可使用40年。该办公楼所在地按市场价格确定的租赁费用为每年180万元。2×16年，甲公司的会计处理如下：

  借：固定资产清理   6800

    累计折旧   1700

    贷：固定资产   8500

  借：银行存款   12500

    贷：固定资产清理   12500

  借：固定资产清理   5700

    贷：营业外收入   5700

  借：管理费用   250

    贷：银行存款   250

（3）甲公司自2×16年1月1日起将一项尚可用40年的出租土地使用权转为自用并计划在该土地使用权上建造厂房。转换日，该土地使用权的公允价值为2000万元，账面价值为1800万元，截至2×16年12月31日，甲公司为建造厂房实际发生除土地使用权外的支出1800万元，均以银行存款支付。该土地使用权于2×06年1月1日取得，成本为950万元，预计可用50年，取得后立即出租给其他单位。甲公司对该出租土地使用权采用公允模式进行后续计量。2×16年，甲公司的会计处理如下：

  借：在建工程   3800

贷：投资性房地产——成本　　　　　　　　　　　　950
　　　　　　　　　——公允价值变动　　　　　　　　850
　　　　　银行存款　　　　　　　　　　　　　　　 1800
　　　　　公允价值变动损益　　　　　　　　　　　　200

　　（4）2×16年10月8日，经甲公司董事会批准，将以成本模式进行后续计量的出租房产的预计使用年限由50年变更为60年，并从2×16年1月1日开始按新的预计使用年限计提折旧。该出租房产的原价为50000万元，甲公司对该出租房产采用年限平均法计提折旧，预计净残值为0，截至2×15年12月31日已计提10年折旧。2×16年，甲公司的会计处理如下：

　　借：其他业务成本　　　　　　　　　　　　　　　800
　　　贷：投资性房地产累计折旧　　　　　　　　　　　800

其他相关资料：
第一，假定注册会计师对质疑事项提出的调整建议得到甲公司接受。
第二，本题不考虑所得税等相关税费以及其他因素。

要求：

（1）对注册会计师质疑的交易或事项，分别判断甲公司的会计处理是否正确，并说明理由；对不正确的会计处理，编制更正的会计分录（无需通过"以前年度损益调整"或"利润分配——未分配利润"科目，直接使用相关会计科目，也无需编制提取盈余公积、结转利润分配的会计分录）。

（2）计算甲公司2×16年度经审计后的净利润。

2.甲有限公司(以下简称"甲公司")为上市公司,该公司2×16年发生的有关交易或事项如下:

(1)1月2日,甲公司在天猫开设的专营店上线运行,推出一项新的销售政策,凡在1月10日之前登录甲公司专营店并注册为会员的消费者,只须支付500元会员费,即可享受在未来两年内在该公司专营店购物全部7折的优惠,该会员费不退且会员资格不可转让。1月2日至10日,该政策共吸引30万名消费者成为甲公司天猫专营店会员,有关消费者在申请加入成为会员时已全额支付会员费。由于甲公司在天猫开设的专营店刚刚开始运营,甲公司无法预计消费者的消费习惯及未来两年可能的消费金额。税法规定,计算所得税时按会计准则规定确认收入的时点作为计税时点。

(2)2月20日,甲公司将闲置资金3000万美元用于购买某银行发售的外汇理财产品。理财产品合同规定:该理财产品存续期为364天,预期年化收益率为3%,不保证本金及收益,持有期间内每月1日可开放赎回。甲公司计划将该投资持有至到期。当日美元对人民币的汇率为1美元=6.5元人民币。2×16年12月31日,根据银行发布的理财产品价值信息,甲公司持有的美元理财产品价值为3100美元,当日美元对人民币的汇率为1美元=6.70元人民币。税法规定对于外币交易的折算采用交易发生时的即期汇率,但对于以公允价值计量的金融资产,持有期间内的公允价值变动不计入应纳税所得额。

(3)甲公司生产的乙产品中标参与公家专项扶持计划,该产品正常市场价格为1.2万元/台,甲公司的生产成本为0.8万元/台。按照规定,甲公司参与该国家专项扶持计划后,将乙产品销售给目标消费者的价格为1万元/台,国家财政另外给予甲公司补助款0.2万元/台。2×16年,甲公司按照该计划共销售乙产品2000台,销售价款及国家财政补助款均已收到。税法规定,有关政府补助收入在取得时计入应纳税所得额。

(4)9月30日,甲公司自外部购入一项正在进行中的研发项目,支付价款900万元,甲公司预计该项目前期研发已经形成一定的技术雏形,预计能够带来的经济利益流入足以补偿外购成本,甲公司组织自身研发团队在该项目基础上进一步研发,当年度共研发支出400万元,通过银行存款支付。甲公司发生的有关支出均符合资本化条件,至2×16年末,该项目仍处于研发过程中。税法规定,企业自行研发的项目,按照会计准则规定资本化的部分,其计税基础为资本化金额的150%;按照会计准则规定费用化的部分,当期可予税前扣除的金额为费用化金额的 150%。

其他有关资料：

第一，本题中不考虑除所得税外其他相关税费的影响，甲公司适用的所得税税率为 25%，假定甲公司在未来期间能够产生足够的应纳税所得额用以抵扣可抵扣暂时性差异。

第二，甲公司以人民币为记账本位币，外币业务采用业务发生时的即期汇率折算。

要求：

就甲公司 20×16 年发生的有关交易或事项，分别说明其应当进行的会计处理并说明理由；分别说明有关交易或事项是否产生资产、负债的账面价值与计税基础的暂时性差异，是否应确认相关递延所得税，并分别编制与有关交易或事项相关的会计分录。

2017年度注册会计师全国统一考试·会计考试真题参考答案深度全面解析与应试重点

一、单项选择题

1.【参考答案】D

【本题考点】非货币性资产交换的概念

【解析】是指交易双方主要以存货、固定资产、无形资产和长期股权投资等非货币性资产进行的交换。该交换不涉及或只涉及少量的货币性资产,该部分货币性资产占整个资产交换金额的比例小于25%。①以银行存款和少量存货支付应付账款,不属于非货币资产交换。②以股权换股权,属于非货币性资产,补价100÷2500=4%,符合非货币性资产交换的定义。③分期收款不属于非货币性资产交换。④属于发行股份购买资产。

2.【参考答案】B

【本题考点】基本每股收益

【解析】基本每股收益=归属于普通股股东的当期净利润/发行在外普通股的加权平均数。

发行在外普通股加权平均数=期初发行在外普通股股数+当期新发行普通股股数×已发行时间/报告期时间-当期回购普通股股数×已回购时间/报告期时间。公司库存股不属于发行在外的普通股,这是易错点和常考考点。

3.【参考答案】A

【本题考点】会计信息质量要求

【解析】会计信息质量要求包括可靠性、相关性、可理解性、可比性、实质重于形式、重要性、谨慎性和及时性。重要性要求企业提供的会计信息应当反映与企业财务状况、经营成果和现金流量有关的所有重要交易或者事项。相关性要求企业提供的会计信息应当与财务报告使用者的经济决策需要相关,有助于财务报告使用者对企业过去、现在或者未来的情况做出评价或者预测。可比性要求企业提供的会计信息应当具有可比性。具体包括下列要求:①同一企业对于不同时期发生的相同或者相似的交易或者事项,应当采用一致的会计政策,不得随意变更。②不同企业发生的相同或者相似的交易或者事项，应当采用规定的会计政策，确保会计信息口径一致、相互可比，即对于相同或者相似的交易或者事项，不同企业应当采用相同或相似的会计政策，以使不同企业按照一致的确认、计量和报告基础提供有关会计信息。及时性要求企业对于已经发生的交易或者事项，应当及时进行确认、计量和报告，不得提前或者延后。应于2×16年摊销的金额20万元，相比于2×16和2×17年的净利润，数额较小，可以不采用追溯调整法，体现了重要性的会计信息质量要求。

4.【参考答案】A

【本题考点】其他综合收益

【解析】①接受大股东捐赠应当计入所有者权益中的资本公积，而不是计入损益。②存货转换为投资性房地产，公允价值高于账面价值的部分计入其他综合收益，后期在处置投资性房地产时，可转入损益。③享有的联营企业其他综合收益变动部分，计入其他综合收益，出售时可转入损益。④现金流量套期工具产生的利得部分中属于有效套期部分计入其他综合收益，后期可转入损益。因此本题选A。

5.【参考答案】C

【本题考点】金融负债和权益工具的区分

【解析】金融负债是指企业的下列负债：

（1）向其他单位交付现金或其他金融资产的合同义务；

（2）在潜在不利条件下，与其他单位交换金融资产或金融负债的合同义务；

（3）将来须用或可用企业自身权益工具进行结算的非衍生工具的合同义务，企业根据该合同将交付非固定数量发行方的自身权益工具；

（4）将来须用或可用发行方自身权益工具进行结算的衍生工具的合同义务，但企业以固定金额的现金或其他金融资产换取固定数量的自身权益工具的衍生工具合同义务除外。

权益工具是指能证明拥有某个企业在扣除所有负债后的资产中的剩余权益的合同。同时满足下列条件的，发行方应当将发行的金融工具分类为权益工具：

（1）该金融工具不包括交付现金或其他金融资产给其他方，或在潜在不利条件下与其他方交换金融资产或金融负债的合同义务；

（2）将来须用或可用企业自身权益工具结算该金融工具的，如该金融工具为非衍生工具（如甲公司发行了一项无固定期限、能够自主决定支付本息的可转换优先股等），不包括交付可变数量的自身权益工具进行结算的合同义务；如为衍生工具（如认股权证等），企业只能通过以固定数量的自身权益工具交换固定金额的现金或其他金融资产结算该金融工具。

因甲公司不能控制的原因导致控股股东发生变更的，甲公司必须按面值赎回该优先股，满足金融负债的定义"向其他方交付现金或其他金融资产的合同义务"。

6.【参考答案】B

【本题考点】股份支付

【解析】股份支付分为以权益结算的股份支付和以现金结算的股份支付。以权益结算的股份支付，应按授予日权益工具的公允价值计量，不确认其后续公允价值变动。以现金结算的股份支付，企业应当在等待期内按每个资产负债表日权益工具的公允价值重新计量，确认成本费用和相应的应付职工薪酬；并在结算前的每个资产负债表日和结算日对负债的公允价值重新计量，将其公允价值变动计入当期损益（或公允价值变动损益）。本题是权益结算的股份支付，授予日是2×16年1月1日，因此选项B正确。

7.【参考答案】D

【本题考点】对联营企业投资的初始计量和后续计量

【解析】甲公司取得乙公司30%股权并能够对其施加重大影响，属于对联营企业的投资。初始投资成本涉及初始投资成本的调整，长期股权投资的初始投资成本小于投资时应享有被投资单位可辨认净资产公允价值份额的，应按其差额，借记"长期股权投资"，贷记"营业外收入"。本题中，初始投资成本为450（实际付款金额）+30（调整部分）=480，故选项A、C错误。后续计量采用权益法，将按持股比例计算应享有乙公司其它综合收益变动的份额计入其他综合收益，故选项B错误。由于甲公司的投资意图是长期持有该项投资，对于账面价值与计税基础不同产生的应纳税暂时性差异，一般不确认相关的所得税影响，考生应当注意，若投资意图是近期出售，暂时性差异均应确认相关的所得税影响，选项D正确。

8.【参考答案】B

【本题考点】存货的初始计量

【解析】超定额的废品损失计入当期损益，选项A错误。企业在采购入库后发生的储存费用，应计入管理费用，选项C错误。新产品研发人员的薪酬计入管理费用，选项D错误。重要考点：下列费用应当在发生时确认为当期损益，不计入存货成本：

（1）非正常消耗的直接材料、直接人工和制造费用；

（2）仓储费用（不包括在生产过程中为达到下一个生产阶段所必需的费用）；

（3）不能归属于使存货达到目前场所和状态的其他支出；

（4）企业采购用于广告营销活动的特定商品，向客户预付货款未取得商品时，应作为预付账款进行会计处理，待取得相关商品时计入当期损益（销售费用）。企业取得广告营销性质的服务比照该原则进行处理。

9.【参考答案】B 或 C

【本题考点】最低租赁付款额

【解析】当租赁合同没有规定优惠购买选择权时，最低租赁付款额＝各期租金之和＋承租人或与其有关的第三方担保的资产余值；当租赁合同规定有优惠购买选择权时，最低租赁付款额＝各期租金之和＋承租人行使优惠购买选择权而支付的款项。履约成本应该在实际发生时计入当期损益，选项B正确。独立于承租人和出租人的第三方担保的资产余值计入最低租赁收款额，但不是最低租赁付款额的组成部分，选项D正确。

10.【参考答案】D

【本题考点】追溯调整

【解析】某项资产或处置组被划归为持有待售，但后来不再满足持有待售的固定资产的确认条件，企业应当停止将其划归为持有待售，并按照下列两项金额中较低者计量：

（1）该资产或处置组被划归为持有待售之前的账面价值，按照其假定在没有被划归为持有待售的情况下原应确认的折旧、摊销或减值进行调整后的金额；

（2）决定不再出售之日的可收回金额。

符合持有待售条件的无形资产等其他非流动资产，比照上述原则处理，这里所指其他非流动资产不包括递延所得税资产、《企业会计准则第22号——金融工具确认和计量》规范的金融资产、以公允价值计量的投资性房地产和生物资产、保险合同中产生的合同权利。

本题中，划分为持有待售的对联营企业投资因不再满足持有待售条件而不再继续划分为持有待售,是会计政策的变更,应对持有待售期间采用权益法核算,进行追溯调整。

11.【参考答案】A

【本题考点】存货的期末计量

【解析】2500+3000-2800-300=2400。存货期末值＝存货期初值＋本期增加的存货－本期减少的存货。同时要考虑资产减值损失,资产负债表日,存货应当按照成本与可变现净值孰低计量,差额计提存货跌价准备,计入当期损益。存货可变现净值的计算也是常考考点,考生要注意区分,是否签订合同、存货的用途不同,不同情形下的计算不同。

12.【参考答案】C

【本题考点】企业内部研究和开发无形资产

【解析】企业内部研究和开发无形资产,其在研究阶段的支出全部费用化,计入当期损益(管理费用);开发阶段的支出符合条件的资本化,不符合资本化条件的费用化,计入当期损益(管理费用),选项A错误,选项C正确。无形资产的确认不是产生于企业合并交易、同时在确认时既不影响会计利润也不影响应纳税所得额,则不确认该暂时性差异的所得税影响,该种情况下,无形资产在初始确认时,对于会计与税收规定之间存在的暂时性差异不予确认,选项B、D错误。

二、多项选择题

1.【参考答案】B、D

【本题考点】长期股权投资后续计量方法

【解析】(1)甲公司能够对乙公司施加重大影响,属于联营企业投资,采用权益法进行后续计量。(2)甲公司与另一投资方共同控制丙公司,属于合营企业投资,采用权益法进行后续计量。(3)甲公司对丁公司的投资应当计入交易性金融资产或可供出售金融资产,采用公允价值进行后续计量。(4)甲公司对戊结构化主体施加重大影响,采用权益法进行后续计量。选项B、D正确。

2.【参考答案】B、C、D

【本题考点】合并现金流量表的抵销

【解析】(1)甲公司:投资活动现金流入600万元;乙公司:筹资活动现金流出600万元。(2)甲公司:经营活动现金流入585万元;乙公司:作为经营活动现金流出 585 万元。（3）甲公司：经营活动现金流入 900 万元；乙公司：经营活动现金流出 900 万元。（4）甲公司：投资活动现金流出 3500 万元；乙公司：投资活动现金流入 3500 万元。甲公司投资活动现金流入 600 万元与乙公司筹资活动现金流出 600 万元抵销，甲公司经营活动现金流入 1485 万元（585+900）与乙公司经营活动现金流出 1485 万元抵消，甲公司投资活动现金流出 3500 万元与乙公司投资活动现金流入 3500 万元抵销。

3.【参考答案】A、B、C

【本题考点】不动产建造成本

【解析】商品房的建造过程中，符合资本化条件的专门借款的利息费用应计入成本，同时减去将闲置的借款资金进行短期投资取得的投资收益后的金额，选项A、C正确。房地产开发企业取得的土地使用权用于建造对外出售的房屋建筑物，相关的土地使用权应当计入所建造的房屋建筑物成本，选项B正确。企业取得不动产和动产的进项税额均可以抵扣，选项D错误。

土地使用权是常考考点，考生应当注意以下知识点：

企业取得的土地使用权通常应确认为无形资产。土地使用权用于自行开发建造厂房等地上建筑物时，土地使用权与地上建筑物分别进行摊销和提取折旧。

但下列情况除外：

①房地产开发企业取得的土地使用权用于建造对外出售的房屋建筑物，相关的土地使用权应当计入所建造的房屋建筑物成本。

②企业外购房屋建筑物所支付的价款应当按照合理的方法在地上建筑物与土地使用权之间进行分配；难以合理分配的，应当全部作为固定资产处理。

4.【参考答案】B、C、D

【本题考点】债务重组

【解析】

借：应付账款	1500
贷：固定资产清理	650
主营业务收入	600
应付账款——债务重组	160
营业外收入——债务重组利得	40
营业外收入——处置非流动资产收益	50

借：主营业务成本　　　　　　　　　　　　　　　　　　　　　　　500
　　贷：库存商品　　　　　　　　　　　　　　　　　　　　　　　　　500
选项B、C、D正确。

5.【参考答案】A、B、C

【本题考点】资产组减值测试

【解析】企业需要预计资产组的可收回金额和计算资产组的账面价值，并将两者进行比较，如果资产组的可收回金额低于其账面价值的，表明资产组发生了减值损失，应当予以确认。资产组的可收回金额，应当按照该资产组的公允价值减去处置费用后的净额与其预计未来现金流量的现值两者之间较高者确定。

根据减值测试的结果，资产组（包括资产组组合）的可收回金额如低于其账面价值的，应当确认相应的减值损失。减值损失金额应当按照下列顺序进行分摊：

（1）首先抵减分摊至资产组中商誉的账面价值；

（2）然后根据资产组中除商誉之外的其他各项资产的账面价值所占比重，按比例抵减其他各项资产的账面价值。

2×16年末，该项资产组的账面价值是5500万元，可收回金额是4000万元（未来现金流量现值4000万元和公允价值减去处置费用后的净额3900万元中的较高者），账面价值高于可收回金额，确认减值损失1500万元，首先抵减商誉的账面价值，商誉减值300万元，其余资产抵减1200万元。2×17年末资产组的可收回金额高于账面价值，不减值。因此，选项A、B、C正确。

6.【参考答案】B、C、D

【本题考点】流动性资产和流动性负债

【解析】负债满足下列条件之一的，应当归类为流动负债：①预计在一个正常营业周期中清偿；②主要为交易目的而持有；③自资产负债表日起一年内到期应予以清偿；④企业无权自主地将清偿推迟至资产负债表日后一年以上。事项（1）（3）符合流动负债的概念，选项C、D正确。（2）受托加工物资属于流动资产。选项B正确。（4）对于在资产负债表日起一年内到期的负债，企业有意图且有能力自主地将清偿义务展期至资产负债表日后一年以上的，应当归类为非流动负债。选项A错误。

7.【参考答案】A、B、C

【本题考点】应付职工薪酬

【解析】以产品作为福利发放给职工，应视同销售产品处理，按照产品的公允价值计量，选项D错误。

8.【参考答案】A、B、C、D

【本题考点】固定资产内部交易的抵销

【解析】甲公司在编制合并财务报表时，应该做以下抵消分录：

2×15年12月31日：

借：营业外收入   600

　　贷：固定资产——原价   600

2×16年：

借：年初未分配利润   600

　　贷：固定资产——原价   600

借：固定资产——累计折旧   60

　　贷：管理费用   60

2×17年：

借：年初未分配利润   600

　　贷：固定资产——原价   600

借：固定资产——累计折旧   60

　　贷：年初未分配利润   60

借：固定资产——累计折旧   60

　　贷：管理费用   60

2×15年合并利润表营业外收入项目抵销600万元，选项A正确。2×16年合并利润表管理费用项目抵销60万元，选项B正确。2×17年末合并资产负债表未分配利润项目的年初数抵销540万元（600-60），选项C正确。2×17年末合并资产负债表固定资产项目抵销480万元（600-60-60），选项D正确。

9.【参考答案】A、B、C

【本题考点】会计政策变更和会计估计变更

【解析】会计政策，是指企业在会计确认、计量和报告中所采用的原则、基础和会计处理方法。会计估计是指企业对结果不确定的交易或事项以最近可利用的信息为基础所作的判断。投资性房地产的后续计量模式属于会计政策，选项A正确。收入确认所采用会计准则属于会计政策，选项B正确。固定资产的确认属于会计政策，选项C正确。固定资产的预计使用寿命属于会计估计，选项D错误。

10.【参考答案】B、C

【本题考点】外币交易的会计处理

【解析】收到外币美元资本投入计入实收资本，所有者权益项目除"未分配利润"项目外，其他项目采用发生时的即期汇率折算，选项A错误。外币交易应当在初始确认时，采用交易发生日的即期汇率将外币金额折算为记账本位币金额，选项B正确。实收资本属于以历史成本计量的外币非货币性项目，期末或结算外币非货币性项目时，期末仍采用交易发生日的即期汇率计算，不进行调整，选项D错误。期末或结算货币性项目时，应以当日即期汇率折算外币货币性项目，该项目因当日即期汇率不同于该项目入账时或前一期即期汇率而产生的汇兑差额计入当期损益，选项C正确。

三、计算分析题

1.【本题考点】应付职工薪酬

【参考答案及解析】

（1）甲公司以其自产产品作为福利发放给公司管理人员，应视同销售产品处理。

决定发放非货币性福利时：

借：生产成本　　　　　　　　　79.56（170×4000×1.17÷10000）

　　制造费用　　　　　　　　　14.04（30×4000×1.17÷10000）

　　贷：应付职工薪酬——非货币性福利　93.6（200×4000×1.17÷10000）

将自产产品实际发放时：

借：应付职工薪酬——非货币性福利　　　　　　　　93.6

　　贷：主营业务收入　　　　　　80（200×4000÷10000）

　　　　应交税费——应交增值税（销项税额）　13.6（200×4000×0.17÷10000）

借：主营业务成本　　　　　　　36（1800×200÷10000）

　　贷：库存商品　　　　　　　　　　　　　　　　　　36

（2）本期尚未用完的带薪缺勤权可以在未来期间使用，属于累积带薪缺勤。甲公司在2×16年年末应当预计由于职工累积未使用的带薪年休假权利而导致预期将支付的工资负债，即相当于300天（200×1.5）的年休假工资12万元（300×400÷10000），并做如下账务处理：

借：销售费用　　　　　　　　　　　　9（150×1.5×400÷10000）
　　　管理费用　　　　　　　　　　　　3（50×1.5×400÷10000）
　　　　贷：应付职工薪酬——累积带薪缺勤　　　　　　　　　　12

（3）自行研发项目，符合资本化条件的，先计入研发支出（资本化支出），该项目研发成功达到预定可使用状态后，转入无形资产；不符合资本化条件的应当费用化，先计入研发支出（费用化支出），年末转入管理费用。

借：研发支出——费用化支出　　　　　　　　120
　　　　　　——资本化支出　　　　　　　　80
　　　贷：应付职工薪酬　　　　　　　　　　　　　200
借：应付职工薪酬　　　　　　　　　　　　200
　　　贷：银行存款　　　　　　　　　　　　　　　200
借：管理费用　　　　　　　　　　　　　　120
　　　贷：研发支出——费用化支出　　　　　　　　120

（4）一次性离职补偿作为辞退福利一次性计入管理费用，给予退休人员补偿应当作为离职后福利计入管理费用。

借：管理费用　　　　　　　　　　　　　3600
　　　贷：应付职工薪酬　　　　　　　　　　　　3600
借：应付职工薪酬　　　　　　　　　　　2400
　　　贷：银行存款　　　　　　　　　　　　　　2400

2.【本题考点】长期股权投资、投资性房地产后续计量和转换、同一控制下企业合并的初始计量

【参考答案及解析】

（1）事项（1）影响甲公司2×16年利润表中列报的其他综合收益。

借：长期股权投资——投资成本　　　　　　3600
　　　贷：银行存款　　　　　　　　　　　　　　3600

调整初始投资成本：

借：长期股权投资——投资成本　　　　600（14000×30%－3600）
　　　贷：营业外收入　　　　　　　　　　　　　600
借：长期股权投资——损益调整　　　　　600（2000×30%）
　　　贷：投资收益　　　　　　　　　　　　　　600

借：其他综合收益　　　　　　　　　　　　　　　　　90（300×30%）
　　贷：长期股权投资——其他综合收益　　　　　　　　　　90

丙公司增资前，甲公司持有丙公司净资产的份额为（14000+2000-300）×30%=4710万元；丙公司增资后，甲公司持有丙公司净资产的份额为（14000+2000-300+4000）×25%=4925万元，由于增资导致甲公司持有丙公司净资产份额增加215万元。作如下账务处理：

借：长期股权投资——其他权益变动　　　　　　　　　　215
　　贷：资本公积——其他资本公积　　　　　　　　　　　　215

事项（2）不影响甲公司2×16年利润表中列报的其他综合收益。非投资性房地产转化为投资性房地产，若投资性房地产按公允价值计量，公允价值与原账面价值的借方差额记入"公允价值变动损益"科目。

借：投资性房地产　　　　　　　　　　　　　　　　　1680
　　累计折旧　　　　　　　　　　　　　　　　　　　　1200
　　公允价值变动损益　　　　　　　　　　　　　　　　120
　　贷：固定资产　　　　　　　　　　　　　　　　　　　3000
借：投资性房地产　　　　　　　　　　　　　　　　　　300
　　贷：公允价值变动损益　　　　　　　　　　　　　　　　300

事项（3）不影响甲公司2×16年利润表中列报的其他综合收益。甲公司自母公司购买其持有的一项对乙公司60%的股权，属于同一控制下的企业合并。

借：长期股权投资　　　　5280[（8000-1200）×60%+1200]
　　累计摊销　　　　　　　　　　　　　　　　　　　　1200
　　资本公积　　　　　　　　　　　　　　　　8520（差额）
　　贷：无形资产　　　　　　　　　　　　　　　　　　12000
　　　　银行存款　　　　　　　　　　　　　　　　　　　3000

（2）由于只有事项（1）影响甲公司2×16年利润表中列报的其他综合收益，2×16年利润表中其他综合收益总额为-90万元。

四、综合题

1.【本题考点】金融资产的分类和后续计量、售后租回交易形成经营租赁、无形资产的确认和计量、会计估计变更、差错更正法

【参考答案及解析】

（1）事项（1）的会计处理不正确。

理由：持有至到期投资，是指到期日固定、回收金额固定或可确定，且企业有明确意图和能力持有至到期的非衍生金融资产。由于发行方不保证偿还全部本金和支付按照预计收益率计算的收益，该项金融资产不能作为持有至到期投资核算。甲公司计划持有该收益凭证至到期，因此也不能计入交易性金融资产，应当作为可供出售金融资产核算。

更正分录：

借：可供出售金融资产　　　　　　　　　　　　　　　　1000

　　贷：持有至到期投资　　　　　　　　　　　　　　　　　　1000

借：其他综合收益　　　　　　　　　　　　　　　　　　　20

　　贷：可供出售金融资产　　　　　　　　　　　　　　　　　　20

借：投资收益　　　　　　　　　　　　　　　　　　　　　60

　　贷：应收账款　　　　　　　　　　　　　　　　　　　　　　60

事项（2）的会计处理不正确。

理由：甲公司与乙公司签订的售后租回协议属于售后租回交易形成经营租赁的情形，售价高出公允价值的部分应予以递延，并在预计的使用期限内摊销。同时，公允价值与账面价值的差额应当计入当期损益。

更正分录：

借：营业外收入　　　　　　　　　　　　　　　　　　　1500

　　贷：递延收益　　　　　　　　　　　　　　　　1500（12500−11000）

借：递延收益　　　　　　　　　　　　　　　　150（1500÷10）

　　贷：管理费用　　　　　　　　　　　　　　　　　　　　　　150

事项（3）的会计处理不正确。

理由：甲公司将出租土地使用权转为自用，应确认为无形资产，而不是确认为在建工程。土地使用权用于自行开发建造厂房，建造期间土地使用权的摊销额应计入在建工程。

更正分录：

借：无形资产　　　　　　　　　　　　　　　　　　　　2000

　　贷：在建工程　　　　　　　　　　　　　　　　　　　　　　2000

借：在建工程　　　　　　　　　　　　　　　　　　　　　　　50
　　贷：累计摊销　　　　　　　　　　　　　　　　　　　　　50（2000÷40）

事项（4）的会计处理不正确。

理由：对投资性房地产预计使用年限估计的变更属于会计估计变更，应当采用未来适用法。变更前：2×16年前9个月计提折旧的金额＝40000÷40÷12×9＝750（万元）；变更后：2×16年后3个月计提折旧的金额＝（40000－750）÷（12×49+3）×3＝199.24（万元），2×16年一共需要计提折旧的金额为949.24万元（750+199.24）。甲公司少确认了折旧149.24万元。

更正分录如下：

借：其他业务成本　　　　　　　　　　　　　　　　　　　149.24
　　贷：投资性房地产累计折旧　　　　　　　　　　　　　　149.24

（2）甲公司2×16年度经审计后的净利润＝35000－60－1500+150－149.24＝33440.76（万元）。

2.【本题考点】所得税会计

【参考答案及解析】

事项（1）：

会计处理：甲公司应将收到的会员费计入预收账款。

理由：由于甲公司无法预计消费者的消费习惯及未来两年可能的消费金额，现在收到的会员费，需要在未来提供商品折扣，因此计入预收账款。

会计分录：

借：银行存款　　　　　　　　　　　　　　　　　　　　　1500
　　贷：预收账款　　　　　　　　　　　　　　　　　　　　1500

税法规定，计算所得税时按会计准则规定确认收入的时点作为计税时点，税法和会计确认收入的时点一致，不产生暂时性差异，不确认递延所得税。

事项（2）：

会计处理：该外汇理财产品应当作为可供出售金融资产核算，期末确认公允价值变动且计入其他综合收益，期末汇兑差额计入财务费用。

理由：企业持有的该理财产品不保证本金及收益，不能划分为持有至到期投资，且甲公司计划将该投资持有至到期，不能作为交易性金融资产核算，应当作为可供出售金融资产核算，期末公允价值变动计入其他综合收益。可供出售外币货币性金融资产形成的汇兑差额,应当计入当期损益。

会计分录:

借:可供出售金融资产　　　　　　　　　　19500（3000×6.5）
　　贷:银行存款　　　　　　　　　　　　　　　　　　　19500
借:可供出售金融资产——公允价值变动　　670[（3100-3000）×6.7]
　　贷:其他综合收益　　　　　　　　　　　　　　　　　　670
借:可供出售金融资产　　　　　　　　　　600[3000×（6.7-6.5）]
　　贷:财务费用　　　　　　　　　　　　　　　　　　　　600
借:其他综合收益　　　　　　　　　　　　167.5（670×25%）
　　贷:递延所得税负债　　　　　　　　　　　　　　　　　167.5

可供出售金融资产的账面价值大于计税基础,产生应纳税暂时性差异,确认递延所得税负债,对应科目是其他综合收益。

事项（3）:

会计处理:甲公司应当将收到的国家财政补助款确认为收入。

理由:企业从政府取得的经济资源,如果与企业销售商品或提供劳务等活动密切相关,且来源于政府的经济资源是企业商品或服务的对价或者是对价的组成部分,应当按照《企业会计准则第14号——收入》的规定进行会计处理,不适用政府补助准则。

会计分录:

借:银行存款　　　　　　　　　　　　　　2400
　　贷:主营业务收入　　　　　　　　　　　　　　　　　　2400
借:主营业务成本　　　　　　　　　　　　1600
　　贷:库存商品　　　　　　　　　　　　　　　　　　　　1600

收到的国家财政补助款账面价值与计税基础相同,不产生暂时性差异,无需确认递延所得税。

事项（4）:

会计处理:甲公司购入的研发项目作为研发支出（资本化支出）核算,发生的研发支出计入研发支出（资本化支出）。

理由:预计能够带来的经济利益流入足以补偿外购的成本,因此购入的研发项目作为研发支出（资本化支出）核算；后续支出符合资本化条件,因此发生的研发支出计入研发支出（资本化支出）。

会计分录：

借：研发支出——资本化支出　　　　　　　　　　　　900
　　贷：银行存款　　　　　　　　　　　　　　　　　　　900
借：研发支出——资本化支出　　　　　　　　　　　　400
　　贷：银行存款　　　　　　　　　　　　　　　　　　　400

研发支出账面价值为1300万元，计税基础为1950万元（1300×150%），账面价值小于计税基础，产生可抵扣暂时性差异，但该无形资产的确认不是产生于企业合并交易、同时在确认时既不影响会计利润也不影响应纳税所得额，因此不确认该暂时性差异的所得税影响。

2016年度注册会计师全国统一考试·会计考试真题

一、单项选择题

1. 下列各组资产和负债中，允许以净额在资产负债表上列示的是（　　）。

   A. 作为金融负债担保物的金融资产和被担保的金融负债

   B. 与交易方明确约定定期以净额结算的应收款项和应付款项

   C. 因或有事项需承担的义务和基本确定可获得的第三方赔偿

   D. 基础风险相同但涉及不同交易对手的远期合同中的金融资产和金融负债

2. 甲公司2×15年3月20日披露2×14年财务报告。2×15年3月3日，甲公司收到所在地政府于3月1日发布的通知，规定自2×13年6月1日起，对装机容量在2.5万千瓦及以上有发电收入的水库和水电站，按照上网电量8厘/千瓦时征收库区基金。按照该通知界定的征收范围，甲公司所属已投产电站均需缴纳库区基金。不考虑其他因素，下列关于甲公司对上述事项会计处理的表述中，正确的是（　　）。

   A. 作为2×15年发生的事项在2×15年财务报表中进行会计处理

   B. 作为会计政策变更追溯调整2×14年财务报表的数据并调整相关的比较信息

   C. 作为重大会计差错追溯重述2×14年财务报表的数据并重述相关的比较信息

   D. 作为资产负债表日后调整事项调整2×14年财务报表的当年发生数及年末数

3. 甲公司从2×10年开始受政府委托进口医药类特种丙原料，再将丙原料销售给国内生产企业，加工出丁产品并由政府定价后销售给最终用户，由于国际市场上丙原料的价格上涨，而国内丁产品的价格保持不变，形成进销价格倒挂的局面。2×14年之前，甲公司销售给生产企业的丙原料以进口价格为基础定价，国家财政弥补生产企业产生的进销差价；2×14年以后，国家为规范管理，改为限定甲公司对生产企业的销售价格，然后由国家财政弥补甲公司的进销差价。不考虑其他因素，从上述交易的实质判断，下列关于甲公司从政府获得进销差价弥补的会计处理中，正确的是（　　）。

   A. 确认为与销售丙原料相关的营业收入

B. 确认为与收益相关的政府补助，直接计入当期营业外收入

C. 确认为所有者的资本性投入计入所有者权益

D. 确认为与资产相关的政府补助，并按照销量比例在各期分摊计入营业外收入

4. 2×14年1月1日，甲公司通过向乙公司股东定向增发1500万股普通股（每股面值为1元，市价为6元），取得乙公司80%股权，并控制乙公司，另以银行存款支付财务顾问费300万元。双方约定，如果乙公司未来3年平均净利润增长率超过8%，甲公司需要另外向乙公司股东支付100万元的合并对价；当日，甲公司预计乙公司未来3年平均净利润增长率很可能达到10%。该项交易前，甲公司与乙公司及其控股股东不存在关联关系。不考虑其他因素，甲公司该项企业合并的合并成本是（   ）。

A. 9000万元

B. 9300万元

C. 9100万元

D. 9400万元

5. 下列各项有关投资性房地产会计处理的表述中，正确的是（   ）。

A. 以成本模式后续计量的投资性房地产转换为存货，存货应按转换日的公允价值计量，公允价值大于原账面价值的差额确认为其他综合收益

B. 以成本模式后续计量的投资性房地产转换为自用固定资产，自用固定资产应按转换日的公允价值计量，公允价值小于原账面价值的差额确认为当期损益

C. 以存货转换为以公允价值模式后续计量的投资性房地产，投资性房地产应按转换日的公允价值计量，公允价值小于存货账面价值的差额确认为当期损益

D. 以公允价值模式后续计量的投资性房地产转换为自用固定资产，自用固定资产应按转换日的公允价值计量，公允价值大于账面价值的差额确认为其他综合收益

6. 2×15年6月，甲公司与乙公司签订股权转让框架协议，协议约定将甲公司持有的丁公司20%的股权转让给乙公司，总价款为7亿元，乙公司分为三次支付。2×15年支付了第一笔款项2亿元。为了保证乙公司的利益，甲公司于2×15年11月将其持有的丁公司的5%股权过户给乙公司，但乙公司暂时并不拥有与该5%股

权对应的表决权和利润分配权。假定甲公司、乙公司不存在关联方关系，不考虑其他因素。下列关于甲公司对该股权转让于2×15年会计处理的表述中，正确的是（　　）。

　　A.将实际收到的价款确认为负债

　　B.将实际收到价款与所对应的5%股权投资账面价值的差额确认为股权转让损益

　　C.将甲公司与乙公司签订的股权转让协议作为或有事项在财务报表附注中披露

　　D.将转让总价款与对丁公司20%股权投资账面价值的差额确认为股权转让损益，未收到的转让款确认为应收款

7.2×15年12月31日，甲公司向乙公司订购的印有甲公司标志、为促销宣传准备的卡通毛绒玩具到货并收到相关购货发票，50万元货款已经支付。该卡通毛绒玩具将按计划于2×16年1月向客户及潜在客户派发，不考虑相关税费及其他因素。下列关于甲公司2×15年对订购卡通毛绒玩具所发生支出的会计处理中，正确的是（　　）。

　　A.确认为库存商品

　　B.确认为当期管理费用

　　C.确认为当期销售成本

　　D.确认为当期销售费用

8.下列各项关于外币财务报表折算的会计处理中，正确的是（　　）。

　　A.合并财务报表中各子公司之间存在实质上构成对另一子公司净投资的外币货币性项目，其产生的汇兑差额应由少数股东承担

　　B.以母公司记账本位币反映的实质上构成对境外经营子公司净投资的外币货币性项目，其产生的汇兑差额在合并财务报表中应转入其他综合收益

　　C.在合并财务报表中对境外经营子公司产生的外币报表折算差额应在归属于母公司的所有者权益中单列外币报表折算差额项目反映

　　D.以母、子公司记账本位币以外的货币反映的实质上构成对境外经营子公司净投资的外币货币性项目，其产生的汇兑差额在合并财务报表中转入当期财务费用

9. 甲公司2×15年2月购置了一栋办公楼，预计使用寿命40年，为此，该公司2×15年4月30日发布公告称：经公司董事会审议通过《关于公司固定资产折旧年限会计估计变更的议案》。决定调整公司房屋建筑物的预计使用寿命，从原定的20-30年调整为20-40年。不考虑其他因素。下列关于甲公司对该公告所述折旧年限调整会计处理的表述中，正确的是（　　）。

A. 对房屋建筑物折旧年限的变更应当作为会计政策变更并进行追溯调整

B. 对房屋建筑物折旧年限变更作为会计估计变更并应当从2×15年1月1日起开始未来适用

C. 对2×15年2月新购置的办公楼按照新的会计估计40年折旧不属于会计估计变更

D. 对因2×15年2月新购置办公楼折旧年限的确定导致对原有房屋建筑物折旧年限的变更应当作为重大会计差错进行追溯重述

10. 甲公司为增值税一般纳税人。2×15年2月，甲公司对一条生产线进行改造，该生产线改造时的账面价值为3500万元。其中，拆除原冷却装置部分的账面价值为500万元。生产线改造过程中发生以下费用或支出：（1）购买新的冷却装置1200万元，增值税额204万元；（2）在资本化期间内发生专门借款利息80万元；（3）生产线改造过程中发生人工费用320万元；（4）领用库存原材料200万元，增值税额34万元；（5）外购工程物资400万元（全部用于该生产线），增值税额68万元。该改造工程于2×15年12月达到预定可使用状态。不考虑其他因素，下列各项关于甲公司对该生产线改造达到预定可使用状态结转固定资产时确定的入账价值中，正确的是（　　）。

A. 4000万元

B. 5506万元

C. 5200万元

D. 5700万元

11. 下列各项中，甲公司应按非货币性资产交换进行会计处理的是（　　）。

A. 以持有的应收账款换取乙公司的产品

B. 以持有的商品换取乙公司的产品作为固定资产使用

C. 以持有的应收票据换取乙公司的电子设备

D. 以持有的准备持有至到期的债权投资换取乙公司的一项股权投资

12. 甲公司实行累积带薪休假制度，当年未享受的休假只可结转至下一年度。2×14 年末，甲公司因当年度管理人员未享受休假而预计了将于 2×15 年支付的职工薪酬 20 万元。2×15 年末，该累积带薪休假尚有 40% 未使用，不考虑其他因素。下列各项中，关于甲公司因其管理人员 2×15 年未享受累积带薪休假而原多预计的 8 万元负债（应付职工薪酬）于 2×15 年的会计处理，正确的是（　　）。

　　A. 不作账务处理

　　B. 从应付职工薪酬转出计入资本公积

　　C. 冲减当期的管理费用

　　D. 作为会计差错追溯重述上年财务报表相关项目的金额

二、多项选择题

1. 2×15 年 1 月 3 日，甲公司经批准按面值发行优先股，发行的票面价值总额为 5000 万元。优先股发行方案规定，该优先股为无期限、浮动利率、非累积、非参与。设置了自发行之日起 5 年期满时，投资者有权要求甲公司按票面价值及票面价值和基准利率计算的本息合计金额赎回，优先股的利率确定为：第 1 个 5 年按照发行时基准利率确定，每 5 年调整一次利率。调整的利率为前 1 次利率的基础上增加 300 个 BP，利率不设上限。优先股股利由董事会批准后按年支付，但如果分配普通股股利，则必须先支付优先股股利。不考虑其他因素，下列关于甲公司发行优先股可以选择的会计处理有（　　）。

　　A. 确认为所有者权益

　　B. 指定为以公允价值计量且其变动计入当期损益的金融负债

　　C. 确认为以摊余成本计量的金融负债

　　D. 按发行优先股的公允价值确认金融负债，发行价格总额减去金融负债公允价值的差额确认为所有者权益

2. 甲公司（非投资性主体）为乙公司、丙公司的母公司。乙公司为投资性主体，拥有两家全资子公司，两家子公司均不为乙公司的投资活动提供相关服务，丙公司为股权投资基金，拥有两家联营企业，丙公司对其拥有的两家联营企业按照公允价值考核和评价管理层业绩。不考虑其他因素，下列关于甲公司、乙公司和丙公

司对其所持股权投资的会计处理中,正确的有( )。

A. 乙公司不应编制合并财务报表

B. 丙公司在个别财务报表中对其拥有的两家联营企业的投资应按照公允价值计量,公允价值变动计入当期损益

C. 乙公司在个别财务报表中对其拥有的两家子公司应按照公允价值计量,公允价值变动计入当期损益

D. 甲公司在编制合并财务报表时,应将通过乙公司间接控制的两家子公司按公允价值计量,公允价值变动计入当期损益

3. 不考虑其他因素,下列各方中,构成甲公司关联方的有( )。

A. 与甲公司同受重大影响的乙公司

B. 甲公司财务总监之妻投资设立并控制的丁公司

C. 与甲公司共同经营华新公司的丙公司

D. 甲公司受托管理且能主导相关投资活动的戊资产管理计划

4. 不考虑其他因素,下列关于合营安排的表述中,正确的有( )。

A. 合营安排要求所有参与方都对该安排实施共同控制

B. 能够对合营企业施加重大影响的参与方,应当对其投资采用权益法核算

C. 两个参与方组合能够集体控制某项安排的,该安排不构成共同控制

D. 合营安排为共同经营的,合营方按一定比例享有该安排相关资产且承担该安排相关负债

5. 下列有关公允价值计量结果所属层次的表述中,正确的有( )。

A. 公允价值计量结果所属层次,决取于估值技术的输入值

B. 公允价值计量结果所属层次由对公允价值计量整体而言重要的输入值所属的最高层次决定

C. 使用第二层次输入值对相关资产进行公允价值计量时,应当根据资产的特征进行调整

D. 对相同资产或负债在活跃市场上的报价进行调整的公允价值计量结果应划分为第二层次或者第三层次

6. 不考虑其他因素,下列各项有关收入确认时点的表述中,正确的有( )。

A. 放映电影的收费,在电影放映完毕时确认收入

B. 提供建筑设计服务的收费，在资产负债表日根据设计的完工进度确认收入

C. 提供培训服务的收费，在培训服务提供的相应期间确认收入

D. 包括在商品销售价格内可区分的服务费，在提供服务的期间内分期确认收入

7. 下列关于商誉会计处理的表述中，正确的有（   ）。

A. 商誉应当结合与其相关的资产组或资产组组合进行减值测

B. 与商誉相关的资产组或资产组组合发生的减值损失首先抵减组合中商誉的账面价值

C. 商誉于资产负债表日不存在减值迹象的，无需对其进行减值测试

D. 与商誉相关的资产组或资产组组合存在减值迹象的，首先对不包含商誉的资产组产组组合进行减值测试

8. 下列各项中，需要重新计算财务报表各列报期间每股收益的有（   ）。

A. 报告年度以资本公积转增股本

B. 报告年度以发行股份为对价实现非同一控制下企业合并

C. 报告年度资产负债表日后事项期间分拆股份

D. 报告年度发现前期差错并采用追溯重述法重述上年度损益

9. 2×14年10月，法院规定量准了甲公司的重整计划。截至2×15年4月10日，甲公司已经清偿了所有应以现金清偿的债务：应清偿给债权人的3500万股股票已经过户到相应的债权人名下，预留给尚未登记债权人的股票也过户到管理人指定的账户。甲公司认为，有关重整事项已经基本执行完毕，很可能得到法院对该重整协议履行完毕的裁决。预计重整收益1500万元。甲公司于2×15年4月20日经董事会批准对外报出2×14年财务报告。不考虑其他因素，下列关于甲公司有关重整的会计处理中，正确的有（   ）。

A. 按持续经营假设编制重要期间的财务报表

B. 在2×14年财务报表附注中披露这重整事项的有关情况

C. 在2×14年财务报表中确认1500万元的重整收益

D. 在重整协议相关重大不确定性消除时确认1500万元的重整收益

10. 下列关于企业中期财务报告附注应当披露的内容中，正确的有（   ）。

A. 企业经营的季节性或周期性特征

B. 中期财务报告采用的会计政策与上年度财务报告相一致的声明

C. 会计估计变更的内容、原因及其影响数

D. 中期资产负债表日到中期财务报告批准报出日之间发生的非调整事项

三、计算分析题

1. 甲公司适用的所得税税率为25%，预计以后期间不会变更，未来期间有足够的应纳税所得额用以抵扣可抵扣暂时性差异；2×15年年初递延所得税资产的账面余额为100万元，递延所得税负债的账面余额为零，不存在其他未确认暂时性差异影响所得税的事项。2×15年，甲公司发生的下列交易或事项，其会计处理与所得税法规规定存在差异：

（1）甲公司持有乙公司30%股权并具有重大影响，采用权益法核算，其初始投资成本为1000万元，截至2×15年12月31日，甲公司该股权投资的账面价值为1900万元。其中，因乙公司2×15年实现净利润，甲公司按持股比例计算确认增加的长期股权投资账面价值300万元；因乙公司持有可供出售金融资产产生的其他综合收益增加，甲公司按持股比例计算确认增加的长期股权投资账面价值80万元。其他长期股权投资账面价值的调整系按持股比例计算享有乙公司以前年度的净利润，甲公司计划于2×16年出售该项股权投资，但出售计划尚未经董事会和股东大会批准。税法规定，居民企业间的股息、红利免税。

（2）1月4日，甲公司经股东大会批准，授予其50名管理人员每人10万份股份期权，每份期权于到期日可以6元/股的价格购买甲公司1股普通股，但被授予股份期权的管理人员必须在甲公司工作满3年才可行权。甲公司因该股权激励于当年确认了550万元的股份支付费用。税法规定，行权时股份公允价值与实际支付价款之间的差额，可在行权期间计算应纳税所得额时扣除。甲公司预计该股份期权行权时可予税前抵扣的金额为1600万元，预计因该股权激励计划确认的股份支付费用合计数不会超过可税前抵扣的金额。

（3）2×15年，甲公司发生与生产经营活动有关的业务宣传费支出1600万元。税法规定，不超过当年销售收入15%的部分准予税前全额扣除，超过部分，准予在以后纳税年度结转扣除。甲公司2×15年度销售收入为9000万元。

（4）甲公司2×15年度利润总额4500万元，以前年度发生的可弥补亏损400

万元尚在税法允许可结转以后年度产生的所得抵扣的期限内。

假定，除上述事项外，甲公司不存在其他纳税调整事项，甲公司和乙公司均为境内居民企业，不考虑中期财务报告及其他因素。甲公司于年末进行所得税会计处理。

要求：

（1）根据资料（1），说明甲公司长期股权投资权益法核算下的账面价值与计税基础是否产生暂时性差异；如果产生暂时性差异，说明是否应当确认递延所得税负债或资产，并说明理由。

（2）分别计算甲公司 2×15 年 12 月 31 日递延所得税负债或资产的账面余额，以及甲公司 2×15 年应交所得税、所得税费用，编制相关的会计分录。

2. 甲公司为境内上市公司。2×13年10月20日，甲公司向乙银行借款5亿元。借款期限为5年，年利率为6%，利息按年支付，本金到期一次偿还。借款协议约定：如果甲公司不能按期支付利息，则从违约日起按年利率7%加收罚息。2×13年、2×14年，甲公司均按照支付乙银行借款利息。2×15年1月起，因受国际国内市场影响。甲公司出现资金困难，当年未按照协议支付全年利息。为此，甲公司按7%年利率计提该笔借款自2×15年1月1日起的罚息3500万元。

2×15年12月20日，甲公司与乙银行协商，由乙银行向其总行申请减免甲公司的罚息。甲公司编制2×15年财务报表时，根据与乙银行债务重组的进展情况，预计双方将于近期达成减免罚息的协议，并据此判断2×15年原按照7%年利息计提的该笔借款罚息3500万元应全部冲回。

2×16年4月20日，在甲公司2×15年度财务报告经董事会批准报出日之前，甲公司与乙银行签订了《罚息减免协议》，协议的主要内容与之前甲公司估计的情况基本相符，即从2×16年起，如果甲公司于借款到期前能按照协议支付利息并于借款到期时偿还本金，甲公司只需按照6%的年利率支付2×15年及以后各年的利息；同时，免除2×15年的罚息3500万元。

假定：甲公司上述借款按照摊余成本计量，不考虑折现及其他因素。

要求：

判断甲公司能否根据2×15年资产负债表日债务重组的协商进度估计应付利息的金额并据此进行会计处理，说明理由。

（1）判断资产负债表日后事项期间达成的债务重组协议是否应作为甲公司2×15年调整事项，并说明理由。

（2）判断甲公司与乙银行签订《罚息减免协议》后，甲公司是否可于协议签订日确认债务重组收益，并说明理由。

（3）计算甲公司2×15年度该笔借款在资产负债表中列示的金额。

四、综合题

1. 甲公司为境内上市公司，其 2×15 年度财务报告于 2×16 年 3 月 20 日经董事会批准对外报出。2×15 年，甲公司发生的部分交易或事项以及相关的会计处理的如下：

（1）2×15 年 7 月 1 日，甲公司实施一项向乙公司（甲公司的子公司）20 名高管人员每人授予 20000 份股票期权的股权激励计划。甲公司与相关高管人员签订的协议约定，每位高管人员自期权授予之日起在乙公司连续服务 4 年，即可以从甲公司购买 20000 股乙公司股票，购买价格为每股 8 元，该股票期权在授予日（2×15 年 7 月 1 日）的公允价值为 14 元/份，2×15 年 12 月 31 日的公允价值为 16 元/份，截至 2×15 年末，20 名高管人员中没有人离开乙公司，估计未来 3.5 年内将有 2 名高管人员离开乙公司。甲公司的会计处理如下：

借：管理费用　　　　　　　　　　　　　　　　　63 万
　　贷：资本公积——其他资本公积　　　　　　　　63 万

（2）2×15 年 6 月 20 日，甲公司与丙公司签订广告发布合同。合同约定，甲公司在其媒体上播放丙公司的广告，每日发布 8 秒，播出期限为 1 年，自 2×15 年 7 月 1 日起至 2×16 年 6 月 30 日止；广告费用为 8000 万元，于合同签订第二天支付 70% 的价款。合同签订第二天，甲公司收到丙公司按合同约定支付的 70% 价款，另 30% 价款于 2×16 年 1 月支付，截至 2×15 年 12 月 31 日，甲公司按合同履行其广告服务义务。甲公司的会计处理如下：

借：银行存款　　　　　　　　　　　　　　　　5600 万
　　应收账款　　　　　　　　　　　　　　　　2400 万
　　贷：主营业务收入　　　　　　　　　　　　　8000 万

（3）为支持甲公司开拓新兴市场业务，2×15 年 12 月 4 日，甲公司与其控股公司签订债务重组协议，协议约定 P 公司豁免甲公司所欠 5000 万元贷款。甲公司的会计处理如下：

借：应付账款　　　　　　　　　　　　　　　　5000 万
　　贷：营业外收入——债务重组得利　　　　　　5000 万

（4）2×15年12月20日，因流动资金短缺，甲公司将持有至到期的丁公司债券出售30%，出售所得价款2700万元已通过银行收取。同时，将所持丁公司债券的剩余部分重分类为交易性金融资产，并计划于2×16年初出售。该持有至到期投资于出售30%之前的账面摊余成本为8500万元，未计提减值准备。预计剩余债券的公允价值为6400万元。甲公司的会计处理如下：

借：银行存款　　　　　　　　　　　　　　　　　　2700万
　　交易性金融资产　　　　　　　　　　　　　　　　6400万
　　贷：持有至到期投资　　　　　　　　　　　　　　8500万
　　　　投资收益　　　　　　　　　　　　　　　　　 600万

（5）由于出现减值迹象，2×15年6月30日，甲公司对一栋专门用于出租给子公司戊公司的办公楼进行减值测试。该出租办公楼采用成本模式进行后续计量，原值为45000万元，已计提折旧9000万元，以前年度未计提减值准备，预计该办公楼的未来现金流量现值为30000万元，公允价值减去处置费用后的净额为32500万元，甲公司的会计处理如下：

借：资产减值损失　　　　　　　　　　　　　　　　6000万
　　贷：投资性房地产减值准备　　　　　　　　　　　6000万

甲公司对该办公楼采用年限平均法计提折旧，预计使用50年，截至2×15年6月30日，已计提折旧10年，预计净残值为零。2×15年7月至12月，该办公楼收取租金400万元，计提折旧375万元。甲公司的会计处理如下：

借：银行存款　　　　　　　　　　　　　　　　　　 400万
　　贷：其他业务收入　　　　　　　　　　　　　　　 400万
借：其他业务支出　　　　　　　　　　　　　　　　　375万
　　贷：投资性房地产累计折旧　　　　　　　　　　　 375万

（6）2×15年12月31日，甲公司与已银行签订应收账款保理协议，协议约定，甲公司将应收大华公司账款9500万元出售给已银行，价格为9000万元，如果已银行无法在应收账款信用期过后六个月内收回款项，则有权向甲公司追索。合同签订当日，甲公司将应收大华公司账款的有关资料交付已银行，开书面通知大华公司，已银行向甲公司支付了9000万元。转让时，甲公司已对该应收账款计提了1000万元的坏账准备。甲公司的会计处理如下：

借：银行存款　　　　　　　　　　　　　　　　　9000万
　　坏账准备　　　　　　　　　　　　　　　　　1000万
　　贷：应收账款　　　　　　　　　　　　　　　　9500万
　　　　营业外收入　　　　　　　　　　　　　　　 500万

假定：不考虑相关税费及其他因素；不考虑提取盈余公积等利润分配因素。

要求：

（1）根据上述资料，逐项判断甲公司的会计处理是否正确，并说明理由；如果甲公司的会计处理不正确，编制更正的会计分录（无需通过"以前年度损益调整"科目）。

（2）根据资料（1），判断甲公司合并财务报表中该股权激励计划的类型，并说明理由。

（3）根据资料（5），判断甲公司合并财务报表中该办公楼应划分的资产类别（或报表项目），并说明理由。

2. 甲公司为境内上市公司，专门从事能源生产业务。2×15年，甲公司发生的企业合并及相关交易或事项如下：

（1）2×15年2月20日，甲公司召开董事会，审议通过了以换股方式购买专门从事新能源开发业务的乙公司80%股权的议案。2×15年3月10日，甲公司、乙公司及其控股股东丙公司各自内部决策机构批准了该项交易方案。2×15年6月15日，证券监管机构核准了甲公司以换股方式购买乙公司80%股权的方案。

2×15年6月30日，甲公司以3：1的比例向丙公司发行6000万股普通股，取得乙公司80%股权，有关股份登记和股东变更手续当日完成；同日，甲公司、乙公司的董事会进行了改选，丙公司开始控制甲公司，甲公司开始控制乙公司，甲公司、乙公司普通股每股面值均为1元，2×15年6月30日，甲公司普通股的公允价值为每股3元，乙公司普通股的公允价值为每股9元。

2×15年7月16日，甲公司支付为实施上述换股合并而发生的会计师、律师、评估师等费用350万元，支付财务顾问费1200万元。

（2）甲公司、乙公司资产、负债等情况如下：

2×15年6月30日，甲公司账面资产总额17200万元，其中固定资产账面价值4500万元，无形资产账面价值1500万元；账面负债总额9000万元；账面所有者权益（股东权益）合计8200万元，其中：股本5000万元（每股面值1元），资本公积1200万元，盈余公积600万元，未分配利润1400万元。

2×15年6月30日，甲公司除一项无形资产外，其他资产、负债的公允价值与其账面价值相同，该无形资产为一项商标权，账面价值1000万元，公允价值3000万元，按直线法摊销，预计尚可使用5年，预计净残值为零。

2×15年6月30日，乙公司账面资产总额34400万元，其中固定资产账面价值8000万元，无形资产账面价值3500万元；账面负债总额13400万元，账面所有者权益（股东权益）合计21000万元。其中，股本2500万元（每股面值1元），资本公积500万元，盈余公积1800万元，未分配利润16200万元。2×15年6月30日，乙公司除一项固定资产外，其他资产、负债的公允价值与其账面价值相同，该固定资产为一栋办公楼，账面价值3500万元，公允价值6000万元，按年限平均法计提折旧。预计尚可使用20年，预计净残值为零。

（3）2×15年12月20日，甲公司向乙公司销售一批产品，销售价格（不含增值税）为100万元，成本为80万元，款项已收取。截至2×15年12月31日，乙公司确认甲公司购入的产品已对外出售50%，其余50%形成存货。

其他相关资料如下：

合并前，丙公司、丁公司分别持有乙公司80%和20%股权，甲公司与乙公司、丙公司、丁公司不存在任何关联方关系；合并后，甲公司与乙公司除资料（3）所述内部交易外，不存在其他任何内部交易。

甲公司和乙公司均按照年度净利润的10%计提法定盈余公积，不计提任意盈余公积。企业合并后，甲公司和乙公司没有向股东分配利润。

甲公司和乙公司适用的企业所得税税率均为25%，甲公司以换股方式购买乙公司80%股权的交易是用特殊税务处理规定，即，收购企业、被收购企业的原有各项资产和负债的计税基础保持不变，甲公司和乙公司合并前的各项资产、负债的账面价值与其计税基础相同。不存在其他未确认暂时性差异所得税影响的事项。甲公司和乙公司预计未来年度均有足够的应纳税所得额用以抵扣可抵扣暂时性差异。

除所得税外，不考虑增值税及其他相关税费，不考虑其他因素。

要求：

（1）根据资料（1）、资料（2）及其他有关资料，判断该项企业合并的类型及会计上的购买方和被购买方，并说明理由。

（2）根据资料（1）、资料（2）及其他有关资料，确定该项企业合并的购买日（或合并日），并说明理由。

（3）根据资料（1）、资料（2）及其他有关资料，计算甲公司取得乙公司80%股权投资的成本，并编制相关会计分录。

（4）根据资料（1）、资料（2）及其他有关资料，计算该项企业合并的合并成本和商誉（如有）。

（5）根据资料（1）、资料（2）及其他有关资料，计算甲公司购买日（或合并日）合并资产负债表中固定资产、无形资产、递延所得税资产（或负债）、盈余公积和未分配利润的列报金额。

（6）根据资料（3）、编制甲公司2×15年合并财务报表相关的抵销分录。

2016年度注册会计师全国统一考试·会计考试真题
参考答案深度全面解析与应试重点

一、单项选择题

1.【参考答案】B

【本题考点】金融资产和金融负债允许相互抵销和不得相互抵销的要求

【解析】已经作为某项金融负债担保物的金融资产,不能与被担保的金融负债相抵销,故选项A错误;与交易方明确约定,定期以净额结算的应收款项和应付款项满足净额结算的要求,可以按净额结算,故选项B正确;因或有事项需承担的义务确认为负债的部分以及基本确定可以获得的第三方赔偿,需要单独确认为其他应收款,故选项C错误;对于基础风险相同但涉及不同交易对手的远期合同中的金融资产和金融负债,虽然风险相同可以作为组合处理,但因交易对象不同,需要分别核算,不能以抵销后的净额列示,故选项D错误。

金融资产和金融负债应当分别列示于资产负债表内,不得相互抵销,但同时满足下列条件的,应当以二者相互抵销后的净额列示:

(1)企业具有抵销已确认金额的法定权利,且该种法定权利是当前可执行的;

(2)企业计划以净额结算,或同时变现该金融资产和清偿该金融负债。

例如,甲公司与乙公司有长期合作关系,为简化结算,甲乙公司在合同中明确约定双方的往来款项定期以净额结算,这种情况满足金融资产和金融负债相互抵销的条件,应当在资产负债表中以净额列示相关的应收款项或应付款项。

2.【参考答案】D

【本题考点】资产负债表日后调整事项

【解析】甲公司于2×15年3月3日收到所在地政府于3月1日发布的通知,这属于资产负债表日后期间发生的政策变更,应该按照资产负债表日后调整事项的原则处理,调整2×14年财务报表的当年发生数及年末数,故选项D正确。

3.【参考答案】A

【本题考点】政府补助的判定

【解析】虽然政府为甲公司弥补了进销差价,甲公司从政府处取得了经济资源,但因甲公司交付了商品，故甲公司从政府处取得的经济资源并非无偿取得，因而该交易具有商业实质，需要根据收入准则确认为与销售丙材料相关的营业收入。

根据政府补助准则的规定，政府补助是指企业从政府无偿取得货币性资产或非货币性资产，但不包括政府作为企业所有者投入的资本。政府补助具有无偿性和直接取得资产的特征。

4.【参考答案】C

【本题考点】企业合并成本、或有对价的处理

【解析】以银行存款支付的 300 万元财务顾问费属于为企业合并发生的直接费用，应计入管理费用；因乙公司未来三年平均净利率很可能达到 10%，甲公司很可能需要另外向乙公司支付 100 万元的合并对价，故该合并对价需要计入合并成本；由此，甲公司该项企业合并的合并成本为 1500×6+100=9100（万元），故选项 C 正确。

企业合并成本包括购买方为进行企业合并支付的现金或非现金资产、发行或承担的债务、发行的权益性证券等在购买日的公允价值。企业合并过程中发生的与企业合并直接相关的费用，包括为进行企业合并而发生的会计审计费用、法律服务费用、咨询费用等应计入管理费用。

5.【参考答案】C

【本题考点】投资性房地产与非投资性房地产之间转换的会计处理

【解析】采用成本模式计量的投资性房地产转为非投资性房地产时，应当将该房地产转换前的账面价值作为转换后非投资性房地产的入账价值，故选项 A、B 错误；非投资性房地产转换为以公允价值模式计量的投资性房地产时，应以转换日的公允价值计量，公允价值小于原账面价值的差额应计入当期损益，公允价值大于原账面价值时应计入其他综合收益，故选项 C 正确；采用公允价值模式计量的投资性房地产转换为自用房地产时，应当以其转换当日的公允价值作为自用房地产的入账值，公允价值与原账面价值的差额计入当期损益（公允价值变动损益），故选项 D 错误。

6.【参考答案】A

【本题考点】符合金融资产终止确认条件的判断

【解析】虽然甲公司于 2×15 年 11 月将其持有的丁公司的 5% 股权过户给乙公

司，但乙公司暂时并不拥有与该5%股权对应的表决权和利润分配权，表明该5%股权的风险和报酬依然保留在甲公司，甲公司不能对该5%股权进行终止确认，应将收到的款项作为预收款项，故选项A正确。

金融资产的终止确认：

企业收取金融资产现金流量的合同权利终止的，应当终止确认该金融资产。此外，企业已将金融资产所有权上几乎所有的风险和报酬转移给转入方，也应当终止确认该金融资产。

金融资产是否符合终止确认条件，有时比较容易判断。比如，下列情况就表明已将金融资产所有权上几乎所有风险和报酬转移给了转入方，因而应当终止确认相关金融资产：

（1）企业以不附追索权方式出售金融资产；

（2）企业将金融资产出售，同时与买入方签订协议，在约定期限结束时按当日该金融资产的公允价值回购；

（3）企业将金融资产出售，同时与买入方签订看跌期权合约（即买入方有权将该金融资产返售给企业），但从合约条款判断，该看跌期权是一项重大价外期权（即期权合约的条款设计使得金融资产的买方极小可能会到期行权）。

7.【答案】D

【本题考点】存货成本的确定

【解析】企业采购用于广告营销活动的特定商品，向客户预付货款未取得商品时，应作为预付账款进行会计处理，待取得相关商品时计入当期损益（销售费用）。企业取得广告营销性质的服务比照该原则进行处理。甲公司2×15年订购卡通毛绒玩具是为促销宣传准备，属于采购用于广告营销活动的特定商品行为，故应将该支出计入销售费用而非存货成本。

8.【答案】B

【本题考点】实质上构成对境外经营净投资的外币货币性项目产生的汇兑差额的处理

【解析】如果合并财务报表中各子公司之间存在实质上对另一子公司净投资的外币货币性项目，编制合并财务报表时，应比照母公司对子公司的净投资原则处理：（1）实质上构成对子公司净投资的外币货币性项目以母公司或子公司的记账本位币反映，则应在抵销长期应收应付项目的同时，将其产生的汇兑差额转入"其他综合收益"项目,即借记或贷记"财务费用——汇兑差额",贷记或借记"其他综合收益";(2)实质上构成对子公司净投资的外币货币性项目以母、子公司记账本位币之外的货币反映,则应将母、子公司此项外币货币性项目产生的汇兑差额相互抵销,差额转入"外币报表折算差额"。故选项A、D错误,选项B正确;合并财务报表中对境外经营子公司产生的外币报表折算差额应归属于母公司的部分在其他综合收益项目反映,并非单列"外币报表折算差额"项目反映,故选项C错误。

9.【答案】C

【本题考点】会计估计变更的内容及会计处理

【解析】对房屋建筑物折旧年限的变更属于会计估计变更而非会计政策变更,应按照未来适用法进行会计处理,在会计估计变更当期及以后期间采用新的会计估计,不改变以前期间的会计估计,故选项A、B错误;2×15年2月新购置的办公楼一开始就预计使用寿命为40年,所以不属于会计估计变更,故选项C正确;会计估计变更并不意味着以前期间会计估计是错的,只是由于情况发生了变化,或者掌握了新的信息,积累了更多的经验,使得变更会计估计能够更好地反映企业的财务状况和经营成果。如果以前期间的会计估计是错的,则属于前期差错,按照前期差错更正的会计处理办法进行处理,而本题中固定资产折旧年限的变更并不是因为以前期间的会计估计是错误的,所以不能作为前期差错进行更正处理,故选项D错误。

10.【答案】C

【本题考点】固定资产更新改造后入账价值的确定

【解析】因为本题中的生产线为动产,故对其进行更新改造时领用物资的增值税可以进行抵扣,因而不计入生产线成本。甲公司对该生产线改造达到预定可使用状态后,转为固定资产的入账价值应=原账面价值3500-拆除原冷却装置账面价值500+新的冷却装置价值1200+资本化利息80+人工费用320+原材料200+工程物资400=5200(万元)。

固定资产的后续支出是指固定资产使用过程中发生的更新改造支出、修理费用等。后续支出的原则为:符合固定资产确认条件的应当计入固定资产成本、同时将被替换部分的账面价值扣除;不符合固定资产确认条件的应当计入当期损益。

固定资产发生可资本化的后续支出时,企业一般应将该固定资产的原价、已计提的累积折旧和减值准备转销,将固定资产的账面价值转入在建工程,并在此基础上重新确定固定资产原价,当固定资产转入在建工程后应停止计提折旧。

11.【答案】B

【本题考点】非货币性资产交换的认定

【解析】应收账款属于货币性资产,故选项 A 错误;甲公司持有的商品和乙公司的产品均属于非货币性资产,故选择 B 正确;应收票据属于货币性资产,故选项 C 错误;准备持有至到期的债券投资为货币性资产,故选项 D 错误。

非货币性资产交换是指交易双方主要以存货、固定资产、无形资产和长期股权投资等非货币性资产进行的交换,该交换不涉及或仅仅涉及少量的货币性资产(即补价,补价占整个资产交换金额的比例要低于 25%)。

非货币性资产是相对于货币性资产而言的。货币性资产是指企业持有的货币资金和将以固定或可确定的金额收取的资产,包括现金、银行存款、应收账款和应收票据以及准备持有至到期的债券投资等;而非货币性资产是指货币性资产以外的资产,包括存货、固定资产、无形资产、长期股权投资、不准备持有至到期的债券投资等,即货币金额是不固定的或不可确定的。

12.【答案】C

【本题考点】累积带薪缺勤的会计处理

【解析】甲公司规定未使用的年休假只能结转下一年度,2×15 年末,该累积带薪休假尚未使用的 8 万元负债(应付职工薪酬)应于 2×15 年本期冲回,冲减管理费用。

累积带薪缺勤是指带薪权利可以结转下期的带薪缺勤,本期尚未用完的带薪缺勤权利可以在未来期间使用。企业应当在职工提供了服务从而增加了其未来享有的带薪缺勤权利时,确认与累积带薪缺勤相关的职工薪酬,并以累积未行使权利而增加的预期支付金额计量,下期未用到的带薪缺勤权应冲减当期的管理费用,借记"应付职工薪酬—累积带薪缺勤",贷记"管理费用"。

二、多项选择题

1.【答案】C、D

【本题考点】金融负债与权益工具区分

【解析】该题中甲公司发行的优先股金融工具设置了自发行之日起 5 年期满时,

投资者有权要求甲公司按照票面价值及票面价值和基准利率计算的本息合计金额赎回，并且采用浮动利率，可见该金融工具涉及发行方和持有方无法控制的或有事项，将导致甲公司无法避免的经济利益流出，从而存在不能无条件避免交付现金或其他金融资产的合同义务，故应将该金融工具确认为金融负债，选项C和D正确。

区分权益工具和金融负债的基本原则：

（1）是否存在无条件避免交付现金或其他金融资产的合同义务。

如果企业不能无条件避免以交付现金或其他金融资产来履行一项合同义务，则该合同义务符合金融负债的定义；如果企业能够无条件避免交付现金或其他金融资产，则不构成金融负债。

（2）是否通过交付固定数量的自身权益工具结算。

1）基于自身权益工具的非衍生工具

非固定数量的自身权益工具结算：是现金或其他金融资产的替代品，属于金融负债；固定数量的自身权益工具结算：属于权益工具。

2）基于自身权益工具的衍生工具

通过交付固定数量的发行方自身权益工具换取固定数量的现金或其他金融资产进行结算，属于权益工具，其他情况属于金融负债。

2.【答案】A、B、C、D

【本题考点】合并范围的豁免—投资性主体

【解析】如果母公司是投资性主体，则应仅将那些为其投资活动提供相关服务的子公司纳入合并范围，其他子公司不予合并，应对该类子公司的股权投资按照公允价值计量且其变动计入当期损益。乙公司的两家全资子公司均不为乙公司的投资活动提供相关服务，因而乙公司不应编制合并财务报表，应在个别财务报表中对其拥有的两家子公司按照公允价值计量，公允价值变动计入当期损益，故选项A、C正确；企业应在个别报表中对其拥有的联营企业进行公允价值计量，公允价值变动计入当期损益，故选项B正确；如果投资性主体的母公司本身不是投资性主体，则应当将其控制的全部主体，包括投资性主体以及通过投资性主体而间接控制的子公司纳入合并范围，并以公允价值计量且其变动计入当期损益，故选择D正确。

3.【答案】B、D

【本题考点】关联方关系的认定

【解析】一方控制、共同控制另一方或对另一方施加重大影响，以及两方或两方以上同受一方控制、共同控制的，构成关联方。

常见的不构成关联方的情况如下：

（1）与该企业发生日常往来的资金提供者、公用事业部门、政府部门和机构，以及因与该企业发生大量交易而存在经济依存关系的单个客户、供应商、特许商、经销商和代理商之间，不构成关联方关系。

（2）与该企业共同控制合营企业的合营者之间，通常不构成关联方关系。

（3）仅仅同受国家控制而不存在控制、共同控制或重大影响关系的企业，不构成关联方关系。

（4）受同一方重大影响的企业之间不构成关联方。

故选项B、D正确，A、C错误。

4.【答案】B、C

【本题考点】合营安排

【解析】合营安排是指一项由两个或两个以上的参与方共同控制的安排。共同控制的前提是集体控制，集体控制的组合是指能够联合起来控制安排，又使得参与方数量最少的参与方组合，所以并不要求所有参与方都对该安排实施共同控制，故选项A错误；能够对合营企业施加重大影响的参与方，应当对其投资采用权益法核算，故选项B正确；如果存在两个或两个以上的参与方组合能够集体控制某项安排的，则该安排不构成集体控制，故选项C正确；合营安排为共同经营的，合营方享有该安排相关资产且承担该安排相关负债，故选项D错误。

5.【答案】A、C

【本题考点】公允价值层次

【解析】公允价值计量结果所属层次，决取于估值技术的输入值，故选项A正确；公允价值计量结果所属的层次，由对公允价值计量整体而言重要的输入值所属的最低层次决定，故选项B错误；使用第二层次输入值对相关资产进行公允价值计量时，应当根据资产的特征进行调整，故选项C正确；企业使用相同资产或负债在活跃市场的公开报价对资产或负债进行公允价值计量的，通常不应进行调整，故选项D错误。

6.【答案】A、B、C、D

【本题考点】特殊劳务收入的确认

【解析】下列提供劳务满足收入确认条件的，应按规定确认收入：

（1）安装费，根据安装的完工进度确认收入。安装工作是商品销售附带条件的，安装费通常在确认商品销售实现时确认收入。

（2）宣传媒介的收费，在相关的广告或商业行为开始出现于公众面前时确认收入，广告的制作费，通常应在资产负债表日根据广告的完工进度确认收入。

（3）为特定客户开发软件的收费，在资产负债表日根据开发的完工进度确认收入。

（4）包括在商品售价内可区分的服务费，在提供服务的期间内分期确认收入。

（5）艺术表演、招待宴会等特殊活动收费，在相关活动发生时确认收入。收费涉及几项活动的，预收的款项应合理分配给每项活动，分别确认为收入。

（6）申请入会费和会员费只允许取得会籍，所有其他服务或商品都要另行收费的，通常应在款项收回不存在重大不确定性时确认收入。申请入会费和会员费能使会员在会员期限内得到各种服务或出版物，或者以低于非会员的价格销售商品或提供服务的，通常应在整个收益期内分期确认为收入。

（7）属于提供设备和其他有形资产的特许权费，通常在交付资产或转移资产所有权时确认收入；属于提供初始及后续服务的特许权费，通常应在提供服务时确认收入。

（8）长期为客户提供重复劳务收取的劳务费，通常在相关劳务活动发生时确认收入。
故选项A、B、C、D均正确。

7.【答案】A、B、D

【本题考点】商誉的减值测试

【解析】商誉应当结合与其相关的资产组或资产组组合进行减值测，故选项A正确；与商誉相关的资产组或资产组组合发生的减值损失首先抵减组合中商誉的账面价值，故选项B正确；资产负债表日，无论是否有确凿证据表明商誉存在减值迹象，均应至少于每年年末对商誉进行减值测试，故选项C错误；与商誉相关的资产组或资产组组合存在减值迹象的，首先对不包含商誉的资产组产组组合进行减值测试，故选项D正确。

8.【答案】A、C、D

【本题考点】每股收益重新计算

【解析】企业派发股票股利、公积金转增资本，拆股或并股等，会增加或减少其发行在外普通股或潜在普通股的数量，但并不影响所有者权益总额，也不改变企业的盈利能力，即意味着同样的损益现在要由扩大或减小了的股份规模来享有或分担。因此，为了保持会计指标的前后期可比性，企业应当在相关报批手续全部完成后，按调整后的股数重新计算各列报期间的每股收益。上述变化发生在资产负债表日至财务报告批准报出日之间的，应当以调整后的股数重新计算各列报期间的每股收益。故选项A、C正确；以发行股份作为对价实现非同一控制下的企业合并会影响企业所拥有或控制的经济资源，同时也会也影响所有者权益总额，因而不需要再重新计算各列报期的每股收益，故选项B错误；按照《企业会计准则第28号——会计政策、会计估计变更和差错更正》的规定，对以前年度损益进行追溯重述的，应当重新计算各列报期间的每股收益，故选项D正确。

9.【参考答案】A、B、D

【本题考点】或有事项、重整计划

【解析】甲公司重整事项基本执行完毕，且很可能得到法院对该重整协议履行完毕的裁决，由此可以判断企业能进行持续经营，应按持续经营假设编制重要期间的财务报表，并于在2×14年财务报表附注中披露该重整事项的有关情况，故选项A、B正确；在资产负债表日，因重整事项的执行结果尚且存在重大不确定性，因而应在法院裁定破产重整协议履行完毕后确认重整收益，而不应在在2×14年财务报表中确认1500万元的重整收益，故选项C错误，选项D正确。

10.【参考答案】A、B、C、D

【本题考点】中期财务报告附注中应当披露的内容

【解析】中期财务报告准则规定，中期财务报告附注中至少应该披露：

（1）中期财务报告所采用的会计政策与上年度财务报表相一致的声明。企业在中期会计政策发生变更的，应当说明会计政策变更的性质、内容、原因及其影响数；无法进行追溯调整的，应当说明原因。

（2）会计估计变更的内容、原因及其影响数；影响数不能确定的，应当说明原因。

（3）前期差错的性质及其更正金额；无法进行追溯重述的，应当说明原因。

（4）企业经营的季节性或者周期性特征。

（5）存在控制关系的关联方发生变化的情况；关联方之间发生交易的，应当披露关联方关系的性质、交易类型和交易要素。

（6）合并财务报表的合并范围发生变化的情况。

（7）对性质特别或者金额异常的财务报表项目的说明。

（8）证券发行、回购和偿还情况。

（9）向所有者分配利润的情况，包括在中期内实施的利润分配和已提出或者已批准但尚未实施的利润分配情况。

（10）根据《企业会计准则第35号——分部报告》规定披露分部报告信息的，应当披露主要报告形式的分部收入与分部利润（亏损）。

（11）中期资产负债表日至中期财务报告批准报出日之间发生的非调整事项。

（12）上年度资产负债表日以后所发生的或有负债和或有资产的变化情况。

（13）企业结构变化情况，包括企业合并，对被投资单位具有重大影响、共同控制或者控制关系的长期股权投资的购买或者处置，终止经营等。

（14）其他重大交易或者事项，包括重大的长期资产转让及其出售情况、重大的固定资产和无形资产取得情况、重大的研究和开发支出、重大的资产减值损失情况等。

企业在提供上述第（5）项和第（10）项有关关联方交易、分部收入与分部利润（亏损）信息时，应当同时提供本中期（或者本中期末）和本年度初至本中期末的数据，以及上年度可比中期（或者可比期末）和可比年初至本中期末的比较数据。

故选项A、B、C、D均正确。

三、计算分析题

1.【本题考点】长期股权投资权益法核算、暂时性差异、递延所得税资产、递延所得税负债、应交所得税、所得税费用

【参考答案及解析】

（1）甲公司持有乙公司30%股权并具有重大影响，采用权益法核算，其初始投资成本为1000万元，截至2×15年12月31日，甲公司该股权投资的账面价值为1900万元，因而甲公司长期股权投资权益法核算下的账面价值为1900万元，计税基础为1000万元，账面价值和计税基础存在暂时性差异，虽然长期股权投资的账面价值大于其计税基础，但不应当确认递延所得税负债，因为对于采用权益法核算的长期股权投资，其计税基础与账面价值产生的有关暂时性差异是否应当确认相关的所得税影响，应当考虑该项投资的持有意图：

1）在准备长期持有的情况下，对于采用权益法核算的长期股权投资，其账面价值和计税基础之间的差异，投资企业一般不确认相关的所得税影响；

2）在持有意图由长期持有转变为近期出售的情况下，因长期股权投资的账面价值和计税基础不同而产生的有关暂时性差异，均应确认相关的所得税影响。

虽然甲公司的长期股权投资拟于2×16出售，但出售计划未经董事会批准，故不应确认递延所得税负债。

（2）资料（2），甲公司预计该股份期权行权时可予税前抵扣的金额为1600万元，预计因该股权激励计划确认的股份支付费用合计数不会超过可税前抵扣的金额，被授予股份期权的管理人员必须在甲公司工作满3年才可行权，因而当期发生的费用预计未来可扣除的部分为1600/3=533.33（万元），当期实际发生的550万元股份支付费用大于预计未来可扣除部分，且预计因该股权激励计划确认的股份支付费用合计数不会超过可税前抵扣的金额，所以应确认递延所得税资产金额为550×25%=137.5（万元），对应所得税费用。

资料（3），因税法规定，与生产经营活动有关的业务宣传费不超过当年销售收入15%的部分准予税前全额扣除，超过部分，准予在以后纳税年度结转扣除，故应确认递延所得税资产金额为（1600−9000×15%）×25%=62.5（万元），对应所得税费用。

资料（4），因以前年度发生的可弥补亏损400万元尚在税法允许可结转以后年度产生的所得抵扣的期限内，故递延所得税资产转回金额为400×25%=100（万元），对应所得税费用。

综上可知，甲公司2×15年12月31日递延所得税负债的余额为0，递延所得税资产的余额为137.5+62.5+100=200（万元）。

甲公司应交所得税为[（4500−400−300+550）+（1600−9000×15%）]×25%=1150（万元）

所得税费用=1150−137.5−62.5+100=1050（万元）。

会计分录：

借：所得税费用　　　　　　　　　　　　　　　　　　　　　　　1050
　　递延所得税资产　　　　　　　　　　　　　　　　　　　　　　100
　　贷：应交税费——应交所得税　　　　　　　　　　　　　　　　1150

2.【本题考点】长期借款、债务重组收益的确认、资产负债表日后事项

【参考答案及解析】

（1）甲公司不能据此估计应付利息金额并进行会计处理。

理由：应付利息属于资产负债表日存在的现时义务，应在资产负债表日进行确认，2×15年资产负债表日编制财务报表时，甲公司只是预计双方将于近期达成减免罚息的协议，"减免流出金额"的可能性没有达到基本确定，基于谨慎性原则和或有事项的判定原理，不应根据债务重组的协商进度调整应付利息的金额。

（2）不应作为资产负债表日后调整事项处理。

理由：罚息减免协议的签订日期为2×16年4月20日，虽然在资产负债表日前存在该事项，但因该事项是在签订协议时才确定的，故应作为2×16的重大债务重组处理，而不应该作为资产负债表日后调整事项。

（3）甲公司不能在罚息减免协议签订日确认重组收益。

理由：甲公司预计罚息将被豁免属于或有事项，在协议签订日不满足重组收益的确认条件，应在罚息减免实际发生时确认。

（4）长期借款列示金额应为5亿元，应付利息列示金额为50000×6%=3000（万元），此外因罚息的计提，还应列示其他应付款3500万元。

四、综合题

1.【本题考点】股份支付、收入确认、债务重组、金融资产的处置、投资性房地产的减值处理、附有追索权的应收账款终止确认

【参考答案及解析】

（1）资料（1）中甲公司的会计处理不正确。

理由：母公司为子公司的员工授予股份支付，母公司应将该股份支付确认为长期股权投资，故甲公司应确认长期股权投资；因甲公司向乙公司高管人员支付的股票为乙公司的股票，站在甲公司的角度，属于使用他人股权进行股份支付，因此应将该股份支付作为现金结算的股份支付进行会计处理；

故甲公司2×15年应确认的股份支付的金额=（20-2）×2×16×1/4×6/12=72（万元）。

更正分录：

借：长期股权投资　　　　　　　　　　　　　　　　72

　　贷：应付职工薪酬　　　　　　　　　　　　　　　72

借：资本公积——其他资本公积　　　　　　　　　　　　　　　63
　　贷：管理费用　　　　　　　　　　　　　　　　　　　　　63

资料（2）中甲公司的会计处理不正确。

理由：播放广告取得的收入需要在其提供服务的期间内分期确认，因甲公司与丙公司的广告发布合同约定该广告的播出期间为1年，故甲公司应将其为丙公司播放广告取得的收入在一年内分期确认。故截止2×15年12月31日，甲公司应确认主营业务收入8000×6/12=4000（万元）。

更正分录：

借：主营业务收入　　　　　　　　　　　　　　　　　　　　4000
　　贷：预收账款　　　　　　　　　　　　　　　　　　　　　1600
　　　　应收账款　　　　　　　　　　　　　　　　　　　　　2400

资料（3）中甲公司的会计处理不正确。

理由：母公司P公司豁免甲公司所欠的5000万元贷款这一事项虽然是通过签订债务重组协议达成的，但该行为从经济实质上判断属于甲公司控股股东的资本性投入，故A公司应将豁免的债务全额计入所有者权益（资本公积），而非重组收益。

更正分录：

借：营业外收入——债务重组利得　　　　　　　　　　　　　5000
　　贷：资本公积　　　　　　　　　　　　　　　　　　　　　5000

资料（4）中甲公司的会计处理不正确。

理由：交易性金融资产不得与其他类金融资产进行重分类，甲公司不应将其所持丁公司债券的剩余部分重分类为交易性金融资产，而应转为可供出售金融资产进行核算，将转换之前的账面价值与转换后的公允价值之间的差额计入其他综合收益。

更正分录：

借：可供出售金融资产　　　　　　　　　　　　　　　　　　6400
　　贷：交易性金融资产　　　　　　　　　　　　　　　　　　6400
借：投资收益　　　　　　　　　　　　　　　　　　　　　　　450
　　贷：其他综合收益　　　　　　　　　　450（6400−8500×70%）

资料（5）中甲公司的会计处理不正确。

理由：甲公司对该投资性房地产计提减值准备和折旧的金额不正确。

/ 58 /

投资性房地产的减值金额是通过账面价值与可收回金额进行比较而确定的，其中可收回金额为预期未来现金流量的现值与公允价值减去处置费用后的净额两者之间的较高者。资料中该投资性房地产的可收回金额为32500万元（32500>30000），而计提减值准备前的账面价值=45000-9000=36000（万元），故应计提减值准备36000-32500=3500（万元）。

更正分录：

借：投资性房地产减值准备　　　　　　　　　　2500（6000-3500）

　　贷：资产减值损失　　　　　　　　　　　　　　　　　　　　2500

投资性房地产于2×15年7月至12月应该计提的折旧金额=32500/（50-10）×6/12=406.25（万元）。

更正分录：

借：其他业务成本　　　　　　　　　　　　　31.25（406.25-375）

　　贷：投资性房地产累计折旧　　　　　　　　　　　　　　　31.25

资料（6）中甲公司的会计处理不正确

理由：因甲公司与银行签订的保理协议中约定，如果银行无法在应收账款信用期过后六个月内收回款项，则有权向甲公司追索，所以该项应收账款的转移附有追索权，不能终止确认，甲公司应将收到的款项确认为短期借款。

更正分录：

借：应收账款　　　　　　　　　　　　　　　　　　9500

　　营业外收入　　　　　　　　　　　　　　　　　　500

　　贷：短期借款　　　　　　　　　　　　　　　　　　　　9000

　　　　坏账准备　　　　　　　　　　　　　　　　　　　　1000

（2）根据资料（1），甲公司合并财务报表中的该股权激励计划属于现金结算的股份支付。

理由：如果母公司授予其子公司职工的股票期权是以该子公司的权益工具进行结算的，并且接受服务的企业没有结算义务，则在合并报表中，应当从母公司的角度进行判断，将该股份支付作为现金结算的股份支付。

故甲公司合并财务报表中的该项股权激励计划属于现金结算的股份支付。

（3）根据资料（5），甲公司在应该合并财务报表中将该办公楼作为固定资产列示。

理由：从集团整体的角度来看，甲公司将其自有办公楼出租给乙公司的交易属于母、子公司之间的内部交易事项，编制合并财务报表时需要将其抵销，所以最终该办公楼在合并财务报表中仍然作为固定资产列报。

2.【本题考点】企业合并类型的判断、企业合并中购买日的确定、合并成本及商誉的确定、合并财务报表编制时内部交易的抵销

【参考答案及解析】

（1）根据资料（1）、资料（2）及其他有关资料，可以判断出该项合并的类型为构成业务的反向购买；会计上的购买方为乙公司；会计上的被购买方为甲公司。

理由：2×15年6月30日，甲公司以3：1的比例向丙公司发行6000万股普通股，取得乙公司80%股权，有关股份登记和股东变更手续当日完成；但甲公司向丙公司发行6000万股普通股后，甲公司普通股共计5000+6000=11000（万股）。同日，甲公司、乙公司的董事会进行了改选，丙公司持有甲公司股权比例为6000/11000=54.55%，故丙公司开始控制甲公司，甲公司开始控制乙公司。因此，可以判断出该项企业合并的类型为构成业务的反向购买；会计上的购买方为乙公司；会计上的被购买方为甲公司。

（2）根据资料（1）、资料（2）及其他有关资料，可以判断出该项企业合并的购买日为2×15年6月30日。

理由：购买日是指购买方实际取得被购买方控制权的日期。

同时满足以下条件时，一般可认为实现了控制权的转移，形成了购买日：

1）企业合并合同或协议已获取股东大会等内部权力通过

2）按照规定，合并事项需要经过国家有关主管部门审批的，已获得相关部门的批准

3）参与合并各方已办理了必要的财产交接手续

4）购买方已经支付了购买价款的大部分（一般应超过50%），并且有能力、有计划支付剩余款项

5）购买方已经实际控制了被购买方的财务和经营政策，享有相应的收益并且承担相应的风险

资料中可知，2×15年6月30日，甲公司以3：1的比例向丙公司发行6000万普通股，取得乙公司80%股权，有关股份登记和股东变更手续当日完成；同日，甲公司、乙公司的董事会进行了改选，实质上购买方取得对被购买方的控制权。并且

合并事项在此之前已经经过证监会的审批,故该项企业合并的购买日为2×15年6月30日。

(3)根据资料(1)、资料(2)及其他有关资料,甲公司取得乙公司80%股权投资的成本应为6000×3=1800(万元)

合并日2×15年6月30日时,甲公司普通股股票的每股价值为3元,甲公司付出的合并对价为6000万股普通股,故甲公司取得乙公司80%股权投资的成本应为6000×3=1800(万元)

会计分录:

借:长期股权投资　　　　　　　　　　　18000(6000×3)
　　贷:股本　　　　　　　　　　　　　　　6000
　　　　资本公积——股本溢价　　　　　　12000
借:管理费用　　　　　　　　　　　　　1550(1200+350)
　　贷:银行存款　　　　　　　　　　　　　1550

(4)提示:由于考题中未给出保留几位小数,本题参考答案按照保留两位小数计算合并成本和商誉,并因计算股数的方式不同而给出两种计算方式:

1)方法一

合并后,乙公司原股东丙公司持有甲公司的股权比例为6000/(6000+5000)×100%=54.55%;

假定乙公司通过发行本公司普通股股票来购买甲公司,为在合并后享有甲公司同样的股权比例,乙公司应当发行的普通股股数为2500×80%/54.55%-2500×80%=1666.36(万股),合并日乙公司的普通股股票价格为每股9元,

故企业合并成本为1666.36×9=14997.24(万元)

企业合并中产生的商誉为14997.24-(8200+2000-2000×25%)=5297.24(万元)

2)方法二

假定乙公司发行本公司普通股股票合并甲公司,在合并后主体享有同样的股权比例,乙公司应当发行的普通股股数=2500×80%/[6000/(6000+5000)×100%]-2500×80%=1666.67(万股)。

或者:因甲公司用3股自身股票换入乙公司1股股票,假定乙公司发行本公司普通股股票合并原甲公司的净资产,则需发行股票=5000/3=1666.67(万股)。

故

企业合并成本=1666.67×9=15000（万元）

企业合并商誉=15000-（8200+2000-2000×25%）=5300（万元）

（5）因合并日甲公司除一项无形资产外，其他资产负债的公允价值与其账面价值相同，因此：

合并财务报表上固定资产列报金额为4500+8000=12500（万元）

合并财务报表上无形资产列报金额为（1500-1000）+3000+3500=7000（万元）

合并财务报表上递延所得税负债列报金额为（3000-1000）×25%=500（万元）

因该项企业合并属于反向购买，因此：

合并财务报表上盈余公积列报金额为1800×80%=1440（万元）

合并财务报表上未分配利润列报金额为16200×80%=12960（万元）

（6）会计分录：

借：营业收入　　　　　　　　　　　　　　　　　100
　　贷：营业成本　　　　　　　　　　　　　　　　　90
　　　　存货　　　　　　　　　　　　　　10[（100-80）×50%]
借：递延所得税资产　　　　　　2.5{[（100-80）×50%]×25%}
　　贷：所得税费用　　　　　　　　　　　　　　　　2.5

2015年度注册会计师全国统一考试·会计考试真题

一、单项选择题

1. 甲公司为制造企业，20×4年发生的现金流量：（1）将销售产生的应收账款申请保理，取得现金1200万元，银行对于标的债券具有追索权；（2）购入的作为交易性金融资产核算的股票支付现金200万元；（3）收到保险公司对存货损毁的赔偿款120万元；（4）收到所得税返还款260万元；（5）向其他方提供劳务收取现金400万元。不考虑其他因素。甲公司20×4年经营活动产生的现金流量净额是（   ）。

A. 780万元

B. 2180万元

C. 980万元

D. 1980万元

2. 下列各项关于无形资产会计处理的表述中，正确的是（   ）。

A. 自行研究开发的无形资产在尚未达到预定用途前无需考虑减值

B. 非同一控制下企业合并中，购买方应确认被购买方在该项交易前未确认但可单独辨认且公允价值能够可靠计量的无形资产

C. 使用寿命不确定的无形资产在持有过程中不应该摊销也不考虑减值

D. 同一控制下企业合并中，合并方应确认被合并方在该项交易前未确认的无形资产

3. 甲公司为增值税一般纳税人，适用的增值税税率为17%，20×4年11月20日，甲公司向乙公司销售一批商品，增值税专用发票注明的销售价款为200万元，增值税税额为34万元，当日，商品运抵乙公司，乙公司在验收过程中发现有瑕疵，经与甲公司协商，甲公司同意公允价值上给予3%的折让。为及早收回货款，甲公司和乙公司约定的现金折扣条件为：2/10，1/20，n/30。乙公司于20×4年12月8日支付了扣除销售折让和现金折扣的货款，不考虑其他因素，甲公司应当确认的商品销售收入是（   ）。

A. 190.12万元　　　　　　　　B. 200万元

C. 190.06万元　　　　　　　　D. 194万元

4. 下列关于合营安排的表述中，正确的是（   ）。

A. 当合营安排未通过单独主体达成时，该合营安排为共同经营

B. 合营安排中参与方对合营安排提供担保的，该合营安排为共同经营

C. 两个参与方组合能够集体控制某项安排的，该安排构成合营安排

D. 合营安排为共同经营的，参与方对合营安排有关的净资产享有权利

5. 下列各项有关职工薪酬的会计处理中，正确的是（   ）。

A. 与设定受益计划相关的当期服务成本应计入当期损益

B. 与设定受益计划负债相关的利息费用应计入其他综合收益

C. 与设定受益计划相关的过去服务成本应计入期初留存收益

D. 因重新计量设定受益计划净负债产生的精算损失应计入当期损益

6. 20×4年2月5日，甲公司以7元1股的价格购入乙公司股票100万股，支付手续费1.4万元。甲公司将该股票投资分类为交易性金融资产。20×4年12月31日，乙公司股票价格为9元1股。20×5年2月20日，乙公司分配现金股利，甲公司获得现金股利8万元；20×5年3月20日，甲公司以11.6元1股的价格将其持有的乙公司股票全部出售。不考虑其他因素，甲公司因持有乙公司股票在20×5年确认的投资收益是（   ）。

A. 260万元

B. 468万元

C. 268万元

D. 466.6万元

7. 在不涉及补价的情况下，下列各项交易事项中，属于非货币性资产交换的是（   ）。

A. 开出商业承兑汇票购买原材料

B. 以作为持有至到期投资核算的债券投资换入机器设备

C. 以拥有的股权投资换入专利技术

D. 以应收账款换入对联营企业投资

8. 经与乙公司商协，甲公司以一批产品换入乙公司的一项专利技术，交换日，甲公司换出产品的账面价值为560万元，公允价值为700万元（等于计税价格），甲公司将产品运抵乙公司并向乙公司开具了增值税专用发票，当日双方

办妥了专利技术所有权转让手续。经评估确认，该专项技术的公允价值为900万元，甲公司另以银行存款支付乙公司81万元，甲、乙公司均为增值税一般纳税人，适用的增值税税率均为17%，不考虑其他因素，甲公司换入专利技术的入账价值是（　　）。

　　A. 641万元　　　　　　　　　　B. 900万元

　　C. 781万元　　　　　　　　　　D. 819万元

9. 下列关于或有事项的表述中，正确的是（　　）。
　　A. 或有事项形成的预计负债是企业承担的现时义务
　　B. 预计负债应当与其相关的或有资产相抵后在资产负债表中以净额列报
　　C. 或有事项形成的资产应当在很可能收到时予以确认
　　D. 预计负债计量应考虑与其相关的或有资产预期处置产生的损益

10. 不考虑其他因素，下列各项中，构成甲公司关联方的是（　　）。
　　A. 与甲公司同受乙公司重大影响的长江公司
　　B. 与甲公司存在长期业务往来，为甲公司供应40%原材料的黄河公司
　　C. 与甲公司共同出资设立合营企业的合营方长城公司
　　D. 对甲公司具有重大影响的个人投资者丙全额出资设立的黄山公司

11. 下列有关编制中期财务报告的表述中，符合会计准则规定的是（　　）。
　　A. 中期财务报告会计计量以本报告期期末为基础
　　B. 在报告中期内新增子公司的中期末不应将新增子公司纳入合并范围
　　C. 中期财务报告会计要素确认和计量原则应与本年度财务报告相一致
　　D. 中期财务报告的重要性判断应以预计的年度财务报告数据为基础

12. 下列关于固定资产减值的表述中，符合会计准则规定的是（　　）。
　　A. 预计固定资产未来现金流量应当考虑与所得税收付相关的现金流量
　　B. 固定资产的公允价值减去处置费用后的净额高于其账面价值，但预计未来现金流量现值低于其账面价值的，应当计提减值
　　C. 在确定固定资产未来现金流量现值时，应当考虑将来可能发生的与改良有关的预计现金流量的影响
　　D. 单项固定资产本身的可收回金额难以有效估计的，应当以其所在的资产组为基础确定可收回金额

二、多项选择题

1. 下列各项中属于会计政策变更的有（　　）。
   A. 按新的控制定义调整合并财务报表合并范围
   B. 会计准则修订要求将不具有控制、共同控制和重大影响的权益性投资由长期股权投资转为可供出售金融资产
   C. 公允价值计量使用的估值技术由市场法变更为收益法
   D. 因处置部分股权投资丧失了对子公司的控制导致长期股权投资的后续计量方法由成本法转变为权益法

2. 对于盈利企业，下列各项潜在普通股中，具有稀释性的有（　　）。
   A. 发行的行权价格低于普通股平均价格的期权
   B. 签订的承诺以高于当期普通股平均市场价格回购本公司股份的协议
   C. 发行的购买价格高于当期普通股平均市场价格的认股权证
   D. 持有的增量每股收益大于当期基本每股收益的可转换公司债券

3. 甲公司20×4年经董事会决议做出的下列变更中，属于会计估计变更的有（　　）。
   A. 将发出存货的计价方法由移动加权平均法改为先进先出法
   B. 改变离职后福利核算方法，按照新的会计准则有关设定受益计划的规定进行追溯
   C. 因车流量不均衡，将高速公路收费权的摊销方法由年限平均法改为车流量法
   D. 因市场条件变化，将某项采用公允价值计量的金融资产的公允价值确定方法由第一层级转变为第二层级

4. 下列情形中，根据会计准则规定应当重述比较期间财务报表的有（　　）。
   A. 本年发现重要的前期差错
   B. 因部分处置对联营企业投资将剩余长期股权投资转变为采用公允价值计量的金融资产
   C. 发生同一控制下企业合并，自最终控制方取得被投资单位60%股权

D. 购买日后 12 个月内对上年非同一控制下企业合并中取得的可辨认资产负债暂时确定的价值进行调整

5. 20×4 年 1 月 1 日，甲公司为乙公司的 800 万元债务提供 50% 担保。20×4 年 6 月 1 日，乙公司因无力偿还到期债务被债权人起诉。至 20×4 年 12 月 31 日，法院尚未判决，但经咨询律师，甲公司认为有 55% 的可能性需要承担全部保证责任，赔偿 400 万元，并预计承担诉讼费用 4 万元；有 45% 的可能无须承担保证责任。20×5 年 2 月 10 日，法院做出判决，甲公司需承担全部担保责任和诉讼费用。甲公司表示服从法院判决，于当日履行了担保责任，并支付了 4 万元的诉讼费。20×5 年 2 月 20 日，20×4 年度财务报告经董事会批准报出。不考虑其他因素，下列关于甲公司对该事件的处理正确的有（　　）。

A. 在 20×5 年实际支付担保款项时进行会计处理

B. 在 20×4 年的利润表中将预计的诉讼费用 4 万元确认为管理费用

C. 在 20×4 年的利润表中确认营业外支出 400 万元

D. 在 20×4 年的财务报表附注中披露或有负债 400 万元

6. 下列项目中，会产生直接计入所有者权益的利得或损失的有（　　）。

A. 现金流量套期工具产生的利得或损失中属于有效套期工具的部分

B. 因联营企业增资导致持股比例下降但仍具有重大影响，投资方享有被投资单位增资后净资产份额的增加额

C. 作为可供出售类别核算的外币非货币性项目所产生的汇兑差额

D. 以权益结算的股份支付在等待期内计算确认所有者权益的金额

7. 下列各经营分部中，应当确定为报告部分的有（　　）。

A. 该分部的分部负债占所有分部负债合计的 10% 或者以上

B. 该分部的分部利润（亏损）绝对额占所有盈利分部利润合计额或所有亏损分部亏损合计额较大者的 10% 或者以上

C. 该分部的分部收入占所有分部收入合计额的 10% 或者以上

D. 该分部的分部资产占所有分部资产合计额的 10% 或者以上

8. 下列资产分类或转换的会计处理中，符合会计准则规定的有（　　）。

A. 将投资性房地产的后续计量由公允价值模式转为成本模式

B. 因签订不可撤销的出售协议，将对联营企业投资终止采用权益法核算并作

为持有待售资产列报

C. 对子公司失去控制或重大影响导致将长期股权投资转换为持有至到期投资

D. 因出售具有重要性的债券投资导致持有至到期投资转为可供出售金融资产

9. 下列各项交易事项的会计处理中，体现实质重于形式原则的有（   ）。

A. 将发行的附有强制付息义务的优先股确认为负债

B. 将企业未持有权益但能够控制的结构化主体纳入合并范围

C. 将附有追索权的商业承兑汇票出售确认为质押贷款

D. 承租人将融资租入的固定资产确认为本企业的固定资产

10. 下列各项中，在对境外经营财务报表进行折算时选用的有关汇率，符合会计准则规定的有（   ）。

A. 股本采用股东出资日的即期汇率折算

B. 可供出售金融资产采用资产负债表日即期汇率折算

C. 未分配利润项目采用报告期平均汇率折算

D. 当期提取的盈余公积采用当期平均汇率折算

11. 20×4年财务报告于20×5年3月20日对外报出，其于20×5年发生的下列交易事项中，应作为20×4年调整事项处理的有（   ）。

A. 1月20日，收到客户退回的部分商品，该商品于20×4年9月确认销售收入

B. 3月18日，甲公司的子公司发布20×4年经审计的利润表，根据购买该子公司协议约定，甲公司在原预计或有对价基础上向出售方多支付1600万元

C. 2月25日发布重大资产重组公告，发行股份收购一家下游企业100%股权

D. 3月10日，20×3年被提起诉讼的案件结案，法院判决甲公司赔偿金额与原预计金额相差1200万元

12. 下列关于固定资产折旧会计处理的表述中，正确的有（   ）。

A. 处于季节性修理过程中的固定资产在修理期间应当停止计提折旧

B. 已达到预定可使用状态但尚未办理竣工决算的固定资产应当按暂估价价值计提折旧

C. 自用固定资产转为成本模式后续计量的投资性房地产后仍应当计提折旧

D. 与固定资产有关的经济利益预期实现方式发生重大改变的，应当调整折旧方法

13. 下列关于会计要素确认的表述中，符合会计准则规定的有（   ）。

A. BOT 业务中确认建造服务收入的同时应当确认金融资产或无形资产

B. 航空公司授予乘客的奖励积分应当作为确认相关机票收入当期的销售费用处理

C. 具有融资性质的分期收款销售商品，应当扣除融资因素的影响确认收入

D. 按公允价值达成的售后租回交易中，形成经营租赁的售价与资产账面价值的差额应当计入当期损益

三、综合题

1. 注册会计师在对甲股份有限公司（以下简称"甲公司"）20×4 年财务报表进行审计时，对其当年度发生的下列交易事项的会计处理提出疑问，希望能与甲公司财务部门讨论：

（1）1 月 2 日，甲公司自公开市场以 2936.95 万元购入乙公司于当日发行的一般公司债券 30 万张，该债券每张面值为 100 元，票面年利率为 5.5%；该债券为 5 年期，分期付息（于下一年度的 1 月 2 日支付上一年利息）到期还本。甲公司拟长期持有该债券以获得本息流入。因现金流充足，甲公司预计不会在到期前出售。甲公司对该交易事项的会计处理如下（会计分录中的金额单位为万元，下同）：

借：持有至到期投资　　　　　　　　　　　　　　3000
　　贷：银行存款　　　　　　　　　　　　　　　　　2936.95
　　　　财务费用　　　　　　　　　　　　　　　　　　63.05

借：应收利息　　　　　　　　　　　　　　　　　165
　　贷：投资收益　　　　　　　　　　　　　　　　　　165

（2）7 月 20 日，甲公司取得当地财政部门拨款 1860 万元，用于资助甲公司 20×4 年 7 月开始进行的一项研发项目的前期研究。该研发项目预计周期为两年，预计将发生研究支出 3000 万元。项目自 20×4 年 7 月开始启动，至年末累计发生研究支出 1500 万元（全部以银行存款支付）。甲公司对该交易事项的会计处理

如下：

  借：银行存款   1860
    贷：营业外收入   1860
  借：研发支出——费用化支出   1500
    贷：银行存款   1500
  借：管理费用   1500
    贷：研发支出——费用化支出   1500

（3）甲公司持有的乙公司200万股股票于20×3年2月以12元/股购入，且对乙公司不具有重大影响，甲公司将其划分为可供出售金融资产。20×3年12月31日，乙公司股票市价为14元/股。自20×4年3月开始，乙公司股票价格持续下跌。至20×4年12月31日，已跌至4元/股，甲公司对可供出售金融资产计提减值的会计政策为：市价连续下跌6个月或市价相对成本跌幅在50%及以上，应当计提减值。甲公司对该交易或事项的会计处理如下：

  借：资产减值损失   2000
    贷：可供出售金融资产   2000

（4）8月26日，甲公司与其全体股东协商，由各股东按照持股比例同比例增资的方式解决生产线建设资金需求。8月30日，股东新增投入甲公司资金3200万元，甲公司将该部分资金存入银行存款账户。9月1日，生产线工程开工建设，并于当日及12月1日分别支付建造承包商工程款600万元和800万元。甲公司将尚未动用增资款项投资货币市场，月收益率0.4%。甲公司对该交易事项的会计处理如下：

  借：银行存款   3200
    贷：资本公积   3200
  借：在建工程   1400
    贷：银行存款   1400
  借：银行存款   38.40
    贷：在建工程   38.40

其中，冲减在建工程的金额=2600×0.4%×3+1800×0.4%×1=38.40（万元）。

其他有关资料：（P/A，5%，5）=4.3295，（P/A，6%，5）=4.2124，（P/F，5%，5）=0.7835；（P/F，6%，5）=0.7473。本题中有关公司均按净利润的10%计提法定盈余公积，不计提任意盈余公积。不考虑相关税费及其他因素。

要求：

判断甲公司对有关交易事项的会计处理是否正确，对于不正确的，说明理由并编制更正的会计分录（无须通过"以前年度损益调整"科目）。

2. 甲股份有限公司（以下简称"甲公司"）20×4年发生了以下交易事项：

（1）2月1日，与其他方签订租赁合同，将本公司一栋原自用现已闲置的办公楼对外出租，年租金为120万元，自当日起租。甲公司该办公楼原价为1000万元，至起租日累计折旧400万元，未计提减值。甲公司对投资性房地产采用公允价值模式进行后续计量，出租日根据同类资产的市场状况估计其公允价值为2000万元。12月31日，该办公楼的公允价值为2080万元。甲公司已一次性收取第一年租金120万元。

（2）甲公司为资源开采型企业，按照国家有关规定需计提安全生产费用，当年度计提安全生产费800万元，用已计提的安全生产费购置安全生产设备200万元。

（3）6月21日，甲公司与包括其控股股东P公司及债权银行在内的债权人签订债务重组协议，约定对甲公司欠该部分债权人的债权按照相同比例予以豁免，其中甲公司应付银行短期借款本金余额为3000万元，应付控股股东款项1200万元，对于上述债务，协议约定甲公司应于20×4年6月30日前按照余额的80%偿付，余款予以豁免。6月28日，甲公司偿付了上述有关债务。为了解决甲公司资金困难，甲公司的母公司为其支付了600万元的购入存货的采购款，不影响甲公司各股东的持股比例。

（4）7月1日，甲公司以子公司全部股权换入丙公司30%股权，对丙公司实施重大影响，原子公司投资账面价值为3200万元，公允价值为3600万元，投资时丙公司可辨认净资产公允价值为15000万元，账面价值为12000万元，差额是由一项无形资产形成的，无形资产账面价值3000万元，预计尚可使用30年，采用直线法摊销。

2014年丙公司实现净利润金额为2400万元（全年均衡实现），持有期间丙公司确认其他综合收益60万元。

要求：

（1）编制甲公司20×4年有关交易事项的会计分录。

（2）计算甲公司个别财务报表中20×4年因上述交易事项应确认的投资收益、营业外收入、资本公积及其他综合收益的金额。

3. 甲股份有限公司（以下简称"甲公司"）于20×3年开始对高管人员进行股权激励。具体情况如下：

（1）20×3年1月2日，甲公司与50名高管人员签订股权激励协议并经股东大会批准。协议约定：甲公司向每名高管授予120000份股票期权，每份期权于到期日可以8元/股的价格购买甲公司1股普通股。该股票期权自股权激励协议签订之日起3年内分三期平均行权，即该股份支付协议包括等待期分别为1年、2年和3年的三项股份支付安排：20×3年年末甲公司实现的净利润较上一年度增长8%

（含 8%）以上，在职的高管人员持有的股票期权中每人可行权 40000 份；20×4 年末，如果甲公司 20×3、20×4 连续两年实现的净利润增长率达到 8%（含 8%）以上，在职的高管人员持有的股票期权中每人可行权 40000 份；20×5 年末，如果甲公司连续三年实现的净利润增长率达到 8%（含 8%）以上，则高管人员持有的剩余股票期权可以行权。当日甲公司估计授予高管人员的股票期权公允价值为 5 元/份。

（2）20×3 年，甲公司实现净利润 12000 万元，较 20×2 年增长 9%，预计股份支付剩余等待期内净利润仍能够以同等速度增长。20×3 年甲公司普通股平均市场价格为 12 元/股。20×3 年 12 月 31 日，甲公司授予股票期权的公允价值为 4.5 元/份。20×3 年，与甲公司签订了股权激励协议的高管人员没有离职，预计后续期间也不会离职。

（3）20×4 年，甲公司 50 名高管人员将至 20×3 年年末到期可行权的股票期权全部行权。20×4 年，甲公司实现净利润 13200 万元，较 20×3 年增长 10%。20×4 年没有高管人员离职，预计后续期间也不会离职。20×4 年 12 月 31 日，甲公司所授予股票期权的公允价值为 3.5 元/份。

其他有关资料：甲公司 20×3 年 1 月 1 日发行在外普通股为 5000 万股，假定各报告期未发生其他影响发行在外普通股股数变动的事项，且公司不存在除普通股外其他权益工具。不考虑相关税费及其他因素。

要求：

（1）确定甲公司该项股份支付的授予日。计算甲公司 20×3 年、20×4 年就该股份支付应确认的费用金额，并编制相关会计分录。

（2）编制甲公司高管人员 20×4 年就该股份支付行权的会计分录。

（3）计算甲公司 20×3 年基本每股收益。

4. 20×4年1月1日，甲公司递延所得税资产的账面价值为100万元，递延所得税负债的账面价值为零。20×4年12月31日，甲公司有关资产、负债的账面价值和计税基础如下：

上表中，固定资产在初始计量时，入账价值与计税基础相同，无形资产的账面价值是当季末新增的符合资本化条件的开发支出形成的，按照税法规定对于研究开发费用形成无形资产的，按照形成无形资产成本的150%作为计税基础。假定在确定无形资产账面价值及计税基础时均不考虑当季度摊销因素。

20×4年度，甲公司实际净利润8000万元，发生广告费1500万元，按照税法规定准予从当年应纳税所得额中扣除的金额为1000万元，其余可结转以后年度扣除。

甲公司适用的所得税税率为25%，预计能够取得足够的应纳税所得额用于抵扣可抵扣暂时性差异的所得税影响，除所得税外，不考虑其他税费及其他因素影响。

要求：

（1）对上述事项或项目产生的暂时性差异影响，分别证明是否应计入递延所得税负债或递延所得税资产，分别说明理由。

（2）说明哪些暂时性差异的所得税影响应计入所有者权益。

（3）计算甲公司20×4年度应确认的递延所得税费用。

5.（1）2014年甲公司和其控股股东P公司以及无关联第三方丙公司签订协议，分别从P公司处购买其持有乙公司60%的股权，以发行1800万股股票作为对价，发行价4元每股；从丙公司处购买少数股权40%，以银行存款支付5000万元，7月1日办理完毕交接手续，改选董事会成员。当日乙公司所有者权益账面价值8000万元（其中：股本2000万元，资本公积3200万元，盈余公积1600万元，未分配利润1200元）。

（2）2014年1月1日，甲公司账上有应收乙公司账款560万元，已计提坏账准备34万元；乙公司的存货中有300万元是自甲公司购入拟出售的，但尚未出售，甲公司出售时账面价值500万元，乙公司未计提跌价准备。

（3）7月8日，甲公司将其自用的无形资产以500万元出售给乙公司，无形资产原价200万元，已计提摊销40万元，尚可使用年限5年，乙公司购入后作为管理用无形资产，款项未付。

（4）2014年12月31日，甲公司应收乙公司的两次账款均未收回，甲公司再一次计提坏账准备59万元（累计共计提93万元），乙公司年初账上的存货已全部对外出售。

（5）乙公司下半年实现净利润800万元，其他综合收益增加120万元，所有者权益项目：股本2000万元，资本公积3200万元，其他综合收益120万元，盈余公积1680万元，未分配利润1920万元。

问题一：甲公司合并乙公司属于什么类型的合并，并说明理由。

问题二：甲公司应确认的长期股权投资的初始投资金额是多少？并编制相关的会计分录。

问题三：编制甲公司2014年度合并报表中有关的调整抵销分录。

6. 甲公司为一上市的集团公司，原持有乙公司30%的股权，能够对乙公司实施重大的影响。2013年和2014年发生的相关交易事项如下：

（1）2013年1月1日，甲公司从乙公司的控股股东——丙公司处取得乙公司50%的股权，支付银行存款13000万元，并办理了股东变更登记手续。甲公司原持有的乙公司30%股权投资的账面价值为5400万元，投资成本明细4500万元，损益调整840万元，其他权益变动60万元，原持有的投资在购买日的公允价值为6200万元。

（2）2013年1月1日，乙公司的所有者权益的账面价值为18000万元，股本10000万元，资本公积科目为100万元，盈余公积1620万元，未分配利润金额为6280万元，公允价值为20000万元，该差异是由一项无形资产评估增值引起的，使用年限为10年，净残值为0，采用直线法摊销。

（3）乙公司在2013年实现净利润为500万元，由于可供出售金融资产公允价值上升产生其他综合收益60万元。

（4）甲公司在2014年年初将其持有的乙公司70%股权出售给丁公司，出售价款为20000万元，剩下10%股权的公允价值为2500万元。对乙公司不具有控制、共同控制和重大影响。

提取10%的法定盈余公积，不提取任意盈余公积。不考虑相关税费。

交易发生前后，甲公司与丙、丁公司无任何关联关系。

要求：

（1）确认个别报表的投资成本，并编制取得该投资的相关分录。

（2）确定合并报表中的合并成本并计算合并报表中商誉的金额。

（3）计算合并报表进一步取得50%投资确认的投资收益并做出相关的会计处理。

（4）编制资产负债表日的合并报表调整和抵销分录。

（5）个别报表中处置70%的投资确认的投资收益。

（6）确认合并报表中处置70%的投资确认的收益。

2015年度注册会计师全国统一考试·会计考试真题
参考答案深度全面解析与应试重点

一、单项选择题

1.【参考答案】A

【本题考点】经营活动、投资活动、筹资活动三者之间的区分

【解析】经营活动，是指企业投资活动和筹资活动以外的所有交易和事项，包括销售商品或提供劳务、购买商品或接受劳务、收到的税费返还、经营性租赁、支付工资、支付广告费用、缴纳各项税款等。

投资活动，是指企业长期资产的构建和不包括现金等价物范围内的投资及其处置活动，包括取得和收回投资、构建和处置固定资产、购买和处置无形资产等。

筹资活动，是指导致企业资本及债务规模和构成发生变化的活动，包括发行股票或接受投入资本、分配现金股利、取得和偿还银行借款、发行和偿还公司债券等。

第（1）项，将销售产生的应收账款申请保理从而取得现金，该事项属于筹资活动；第（2）项，购入作为交易性金融资产核算的股票而支付现金200万元，该事项属于投资活动；第（3）、（4）、（5）项属于经营活动。故甲公司20×4年的经营活动现金流量净额为120+260+400=780（万元），参考答案A正确。

2.【参考答案】B

【本题考点】无形资产的会计处理

【解析】尚未达到可使用状态的无形资产，由于其价值尚且具有较大不确定性，应当每年进行减值测试，故选项A错误；非同一控制下的企业合并中，购买方取得的无形资产应以其在购买日的公允价值计量，包括：（1）被购买方原已确认的无形资产；（2）被购买方原未确认为无形资产，但其公允价值能够可靠计量，购买方应在购买日将其独立于商誉确认为一项无形资产。故选项B正确；使用寿命不确定的无形资产在持有过程中不应该摊销，但至少需要在每年年末进行减值测试，故选项C错误；同一控制下企业合并中，合并方不应确认被合并方在该项交易前未确认的无形资产，故选项D错误。

3.【参考答案】D

【本题考点】销售折让、现金折扣的会计处理

【解析】企业销售商品时，如果涉及现金折扣，应该按照扣除现金折扣前的销售价款确认收入，现金折扣实际发生时再计入当期的财务费用；销售折让是指由于商品的质量、规格等不符合要求，销售单位同意在商品价格上给予的减让。如果销售折让是在销货单位已经确认收入后发生的，销货单位应在销售折让发生时冲减当期的销售收入，因而本题中甲公司应将发生的销售折让冲减销售收入，冲减金额为200×3%=6（万元），应确认的收入为200-6=194（万元）。

4.【参考答案】A

【本题考点】合营安排、单独主体

【解析】当合营安排未通过单独主体达成时，该合营安排为共同经营，故选项A正确；参与方为合营安排提供担保或提供担保的承诺，该行为本身并不直接导致一项安排被分类为共同经营，故选项B错误；如果存在两个或两个以上的参与方组合能够集体控制某项安排的，则该安排不构成合营安排，故选项C错误；合营安排为共同经营的，合营方享有该安排相关资产且承担该安排相关负债，合营安排为合营企业的，参与方对合营安排有关的净资产享有权利，故选项D错误。

5.【参考答案】A

【本题考点】设定受益计划

【解析】与设定受益计划相关的当期服务成本应计入当期损益，故选项A正确；与设定受益计划负债相关的利息费用应计入当期损益，故选项B错误；与设定受益计划相关的过去服务成本应计入当期成本或损益，故选项C错误；因重新计量设定受益计划净负债产生的精算损失应计入其他综合收益，故选项D错误。

6.【参考答案】B

【本题考点】交易性金融资产产生的投资性收益

【解析】（1）甲公司取得该交易性金融资产后，在20×5年期间获得现金股利8万元；（2）20×4年2月5日，甲公司以7元1股的价格购入乙公司股票100万股，20×5年3月20日，甲公司以11.6元1股的价格将其持有的乙公司股票全部出售。故甲公司因持有乙公司股票在20×5年确认的投资收益为8+（11.6-7）×100=468（万元）。

7.【参考答案】C

【本题考点】非货币性资产交换的确认

【解析】非货币性资产交换是指交易双方主要以存货、固定资产、无形资产和长期股权投资等非货币性资产进行的交换,该交换不涉及或仅仅涉及少量的货币性资产(即补价,补价占整个资产交换金额的比例要低于25%)。

非货币性资产是相对于货币性资产而言的。货币性资产是指企业持有的货币资金和将以固定或可确定的金额收取的资产,包括现金、银行存款、应收账款和应收票据以及准备持有至到期的债券投资等;而非货币性资产是指货币性资产以外的资产,包括存货、固定资产、无形资产、长期股权投资、不准备持有至到期的债券投资等,即货币金额是不固定的或不可确定的。

商业汇票、持有至到期投资、应收账款都是货币性资产,故选项A、B和D错误,选项C正确。

8.【参考答案】B

【本题考点】非货币性资产交换中换入资产入账价值的确定

【解析】换入资产入账价值等于换出产品的公允价值 + 增值税销项税额 + 支付的补价 =700+700×17%+81=900(万元),故选项B正确。

9.【参考答案】A

【本题考点】或有事项

【解析】或有事项形成的预计负债是企业承担的现时义务,故选项A正确;预计负债与或有资产不能相互抵销,故选项B错误;或有事项形成的资产应当在基本确定收到时才能确认为资产,故选项C错误;预计负债的计量不应考虑与其相关的或有资产预期处置产生的损益,故选项D错误。

10.【参考答案】D

【本题考点】关联方关系的认定

【解析】一方控制、共同控制另一方或对另一方施加重大影响,以及两方或两方以上同受一方控制、共同控制的,构成关联方。

常见的不构成关联方的情况如下:

(1)与该企业发生日常往来的资金提供者、公用事业部门、政府部门和机构,以及因与该企业发生大量交易而存在经济依存关系的单个客户、供应商、特许商、经销商和代理商之间，不构成关联方关系。

（2）与该企业共同控制合营企业的合营者之间，通常不构成关联方关系。

（3）仅仅同受国家控制而不存在控制、共同控制或重大影响关系的企业，不构成关联方关系。

（4）受同一方重大影响的企业之间不构成关联方。

故选项 D 正确。

11.【参考答案】C
【本题考点】中期财务报告的编制要求
【解析】中期财务报告会计计量以本中期末数据为基础，故选项 A 错误；在报告中期内新增子公司的中期末应将新增子公司纳入合并范围，故选项 B 错误；中期财务报告会计要素确认和计量原则应与本年度财务报告相一致，故选项 C 正确；中期财务报告的重要性判断应以中期财务数据为基础，故选项 D 正确。

12.【参考答案】D
【本题考点】资产及资产组的减值处理
【解析】企业预计资产未来现金流量不需要考虑与筹资活动产生的现金流量以及与所得税收付相关的现金流量，故选项 A 错误；公允价值减去处置费用后的净额与预计未来现金流量现值中有一个高于账面价值，就表明资产没有发生减值，则不需要计提减值，故选项 B 错误；企业在预计未来现金流量时，应当以资产当前状况为基础，不应当包括与将来可能发生的、尚未做出承诺的重组事项或者与资产改良有关的预计未来现金流量，故选项 C 错误；企业难以对单项资产的可回收金额进行估计的情况下，应当以该资产所属的资产组为基础确定资产组的可回收金额，故选项 D 正确。

二、多项选择题

1.【参考答案】A、B
【本题考点】会计政策变更的判定
【解析】会计政策变更是指企业对相同的交易或者事项由原来采用的会计政策改用另一会计政策的行为，为保证会计信息的可比性，使财务报表使用者在比较企业一个以上期间的财务报表时，能够正确判断企业的财务状况、经营成果和现金流量的趋势，一般情况下企业采用的会计政策在每一个会计期间和前后各期应当保持一致，不得随意变更。

公允价值计量使用的估值技术由市场法变更为收益法属于会计估计变更，故选项C错误；由于处置股权导致的核算方法的改变，属于新发生的事项，不属于会计政策变更，故选项D错误。

2.【参考答案】A、B

【本题考点】稀释性潜在普通股的判定

【解析】对于盈利企业，认股权证、股份期权等的行权价格低于普通股平均价格时，具有稀释性，故选项A正确；企业承诺将回购其股份的合同中规定的回购价格高于当期普通股平均市场价格时，应当考虑其稀释性，故选项B正确；对于盈利企业，发行的购买价格低于当期普通股平均市场价格的认股权证，具有稀释性，故选项C错误；对于盈利企业，持有的增量每股收益小于当期基本每股收益的可转换公司债券，具有稀释性，故选项D错误。

3.【参考答案】C、D

【本题考点】会计估计变更

【解析】会计估计变更是指由于资产和负债的当期状况及预期经济利益和义务发生了变化，从而对资产或负债的账面价值或者资产的定期消耗金额进行调整。会计估计变更的情形包括：

1）赖以进行估计的基础发生了变化，例如：固定资产折旧年限、无形资产摊销年限的变更；

2）取得了新的信息、积累了更多的经验，例如：企业原根据当时能够得到的信息，对应收账款每年按照其余额的5%计提坏账准备。现在掌握了新的信息，判定不能收回的应收账款比例已经达到15%，企业改按15%的比例计提坏账准备。

企业发出存货所采用的会计处理，如先进先出法、全月一次加权平均法等属于会计政策，存货发出计价方法的变更属于会计政策的变更，故选项A错误；国家法律法规、会计制度等要求企业采用新的会计政策，属于会计政策变更，故选项B错误；高速公路收费权为使用寿命有限的无形资产，其预计使用年限与净残值都属于会计估计，因此摊销方法的改变属于会计估计变更，故选项C正确；公允价值计量层次属于会计估计，因此由第一层级转为第二层级计算为会计估计变更，故选项D正确。

4.【参考答案】A、C、D

【本题考点】需要重述比较期间财务报表的情况

【解析】对于重要的前期差错，企业应当采用追溯重述法进行更正（确定前期差错累积影响数不切实可行的除外），在发现当期的财务报表中调整前期的比较数据，故选项 A 正确；因部分处置对联营企业投资将剩余长期股权投资转变为采用公允价值计量的金融资产，应直接作为当期事项处理，故选项 B 错误；企业发生同一控制下的企业合并，应当重述比较期间财务报表，故选项 C 正确；购买日后 12 个月内对上年非同一控制下企业合并中取得的可辨认资产负债暂时确定的价值进行调整，也应当重述比较期间的财务报表，故选项 D 正确。

5.【参考答案】B、C

【本题考点】预计负债的确认

【解析】20×4 年年末，虽然法院尚未判决，但经咨询律师，甲公司认为有 55% 的可能性需要承担全部保证责任，赔偿 400 万元，并预计承担诉讼费用 4 万元，可见甲公司履行该义务很有可能导致经济利益流出的可能性超过 50%，此时应确认预计负债 404 万元，将 400 万元的赔偿费确认为营业外支出，4 万元的诉讼费确认为管理费用，故选项 A、D 错误，选项 B、C 正确。

6.【参考答案】A、B、C、D

【本题考点】直接计入所有者权益的利得或损失的情况

【解析】直接计入所有者权益的利得或损失包括但不限于以下情形：
1）可供出售金融资产价值的变动；2）可供出售外币非货币性项目的汇兑差额；3）固定资产、存货等转为投资性房地产时，公允价值大于账面价值的部分；4）权益法核算下被投资单位其他所有者权益的变动；5）与计入所有者权益相关的所得税；6）以权益结算的股份支付而形成的费用；7）利用衍生金融工具进行套期的属于有效套期的部分。

故选项 A、B、C、D 均正确。

7.【参考答案】B、C、D

【本题考点】经营分部确认为报告分部应满足的条件

【解析】经营分部满足以下条件之一的，应当确认为报告分部：

1）该经营分部的分部收入占所有分部收入合计数的 10% 及其以上；

2）该经营分部的分部利润或分部亏损的绝对数，占所有盈利经营分部利润合计数或所有亏损经营分部亏损额的绝对数两者中较大者的10%及其以上；

3）该经营分部的分部资产占所有分部资产合计数的10%及其以上。

选项B满足第2）条要求，选项C满足第1）条要求，选项D满足第3）条要求，故选项B、C、D正确。

8.【参考答案】B、D

【本题考点】资产的分类与转换

【解析】会计准则规定投资性房地产的后续计量模式不能由公允价值模式转为成本模式，故选项A错误；因签订不可撤销的出售协议，将对联营企业投资终止采用权益法并作为持有待售资产列报，选择B正确；股权投资没有固定到期日和固定收回金额，因此不能将其划分为持有至到期投资，应重分类为可供出售金融资产，故选项C错误；企业因持有至到期投资的部分出售或者重分类的金额较大，并且不属于会计准则允许的例外情况时，该项投资的剩余部分不再适合划分为持有至到期投资时，企业应将该投资的剩余部分重分类为可供出售金融资产，故选项D正确。

9.【参考答案】A、B、C、D

【本题考点】实质重于形式的判断

【解析】实质重于形式要求企业应当按照交易或者事项的经济实质进行会计确认、计量和报告，而不应仅仅以交易或者事项的法律形式为依据，A、B、C、D四个选项中资产负债的确认均是从经济实质出发的，均体现了实质重于形式的原则，故选项A、B、C、D正确。

10.【参考答案】A、B、D

【本题考点】境外经营财务报表的折算

【解析】所有者权益项目除"未分配利润"项目外，其他项目采用发生时的即期汇率折算，当期提取的盈余公积采用当期的平均汇率折算，期初盈余公积为以前年度计提的盈余公积按相应年度平均汇率折算后金额的累积，故选项A、D正确，选项C错误；资产负债表中的资产负债项目，采用资产负债表日的即期汇率折算，故选项B正确。

11.【参考答案】A、B、D

【本题考点】资产负债表日后调整事项的确定

【解析】资产负债表日后调整事项是指对资产负债表日已经存在的情况提供了新的或进一步证据的事项。如果资产负债表其及所属会计期间已经存在某种情况，但当时并不知道其存在或者不能知道该事项将产生的确切结果，但资产负债表日后发生的事项能够证实该情况的存在或者确切结果，则该事项属于资产负债表日后调整事项；而非调整事项是指表明资产负债日后发生情况的事项。选项A、B、D中的事项均是在资产负债表日前发生，日后取得了确切的结果，属于资产负债表日后调整事项，而选项C中事项是资产负债表日后新发生的事项，并不会对资产负债表日企业财务报表数字产生影响，因而属于非调整事项，故选项A、B、D正确。

12.【参考答案】B、C、D

【本题考点】固定资产折旧的会计处理

【解析】处于季节性或者间接性停工、修理期间以及长期闲置的固定资产在该期间应该继续计提折旧，故选项A错误；已达到预定可使用状态但尚未办理竣工决算的固定资产应当按估值技术暂时确定其成本，并计提折旧，故选项B正确；自用固定资产转为成本模式后续计量的投资性房地产后仍应当计提折旧，故选项C正确；与固定资产有关的经济利益预期实现方式发生重大改变的，应当调整折旧方法，故选项D正确。

13.【参考答案】A、C、D

【本题考点】会计要素的确认

【解析】BOT业务中建造合同收入应当按照收取或应收对价的公允价值进行计量，并分情况在确认收入的同时确认金融资产或无形资产，故选项A正确；航空公司在销售产品或提供劳务的同时，应当将销售取得的收入或应收的款项在本次商品销售或劳务提供产生的收入与奖励积分的公允价值之间进行分配，将取得的收入或应收的款项扣除奖励积分公允价值的部分确认收入，将奖励的积分的公允价值确认为递延收益，故选项B错误；具有融资性质的分期收款销售商品，实质是企业向客户提供的信贷支持，企业应在符合收入确认条件时按照应收的合同或协议价款的公允价值确认收入，而将为客户提供信贷产生的收益确认为融资收益，故选项C正确；按公允价值达成的售后租回交易中，形成经营租赁的售价与资产账面价值的差额应当计入当期损益，故选项D正确。

三、综合题

1.【本题考点】持有至到期投资、政府补助、可供出售金融资产减值、固定资产、差错更正

【参考答案及解析】

事项（1）中甲公司的会计处理不正确。

理由：企业购入折价发行的债券时，应该将折价金额计入该持有至到期投资的初始成本，并且在后续计量时，采用实际利率法对该折价金额在持有至到期投资持有期间进行摊销。

更正分录：

借：财务费用　　　　　　　　　　　　　　　　63.05
　　贷：持有至到期投资——利息调整　　　　　　　　　63.05

设该债券的实际利率为 i

该债券预计未来现金流量的现值为

$165×(P/A, i, 5)+30000×(P/F, i, 5)=2936.95$（万元），有插值法确定该债券的实际利率为6%，故本期应分摊的利息调整金额 $=2936.95×6\%-165=11.22$

借：持有至到期投资——利息调整　　　　　　　　11.22
　　贷：投资收益　　　　　　　　　　　　　　　　　11.22

事项（2）中甲公司的会计处理不正确。

理由：与收益相关的政府补助，如果是用于弥补以后期间将发生的费用或亏损的，应该先将该政府补助计入递延收益，然后在费用发生的期间转入当期的营业外收入。

更正分录为：

借：营业外收入　　　　　　　　930（1860×1500/3000）
　　贷：递延收益　　　　　　　　　　　　　　　　　930

事项（3）中甲公司的会计处理不正确。

理由：企业对可供出售金融资产计提减值时，应该将该可供出售金融资产原来因公允价值变动而计入其他综合收益中的累计收益或损失转出，计入资产减值损失。

更正分录：

借：其他综合收益　　　　　　　　　　　　　　　400
　　贷：资产减值损失　　　　　　　　　　　　　　　　400

事项（4）中甲公司的会计处理不正确。

理由：企业采用增资的方式筹集资金时应将取得的现金增加股本金额，同时闲置资金的利息收益应该冲减财务费用。更正分录：

借：资本公积　　　　　　　　　　　　　　　3200
　　贷：股本　　　　　　　　　　　　　　　　　3200
借：在建工程　　　　　　　　　　　　　　　38.40
　　贷：财务费用　　　　　　38.40（2600×0.4%×3+1800×0.4%×1）

2.【本题考点】投资性房地产的转换、专项储备的计提、债务重组、长期股权投资

【参考答案及解析】

（1）编制甲公司20×4年有关交易事项的会计分录。

由资料（1）中的事项编制如下会计分录

2月1日：

企业将自用房屋转为投资性房地产时，转换日投资性房地产的公允价值大于原账面价值的，要将差额转入其他综合收益。

借：投资性房地产——成本　　　　　　　　2000
　　累计折旧　　　　　　　　　　　　　　　400
　　贷：固定资产　　　　　　　　　　　　　　1000
　　　　其他综合收益　　　　　　　　　　　　1400

12月31日：

投资性房地产公允价值变动计入公允价值变动损益

借：投资性房地产——公允价值变动　　　80（2080-2000）
　　贷：公允价值变动损益　　　　　　　　　　　80

收取的租金计入其他业务收入，但20×4年应确认的收入为120×11/12=110（万元），多收取的10万元计入预收账款。

借：银行存款　　　　　　　　　　　　　　　120
　　贷：其他业务收入　　　　　　　　　　　　110
　　　　预收账款　　　　　　　　　　　　　　10

由资料（2）中的事项编制如下会计分录：

计提专项储备时：

借：生产成本　　　　　　　　　　　　　　　　　　　　800
　　贷：专项储备——安全生产费　　　　　　　　　　　　800

购置固定资产时：

借：固定资产　　　　　　　　　　　　　　　　　　　　200
　　贷：银行存款　　　　　　　　　　　　　　　　　　　200

同时将安全生产费等转出：

借：专项储备——安全生产费　　　　　　　　　　　　　200
　　贷：累计折旧　　　　　　　　　　　　　　　　　　　200

由资料（3）中的事项编制如下会计分录：

6月21日，甲公司与包括其控股股东P公司及债权银行在内的债权人签订债务重组协议，约定对甲公司欠该部分债权人的债权按照相同比例予以豁免，其中甲公司应付银行短期借款本金余额为3000万元，应付控股股东款项1200万元，对于上述债务，协议约定甲公司应于20×4年6月30日前按照余额的80%偿付，余款予以豁免。

银行予以豁免的金额计入营业外收入，而控股股东予以豁免的金额则应计入资本公积。

借：短期借款——银行　　　　　　　　　　　　　　　3000
　　应付账款——P公司　　　　　　　　　　　　　　　1200
　　贷：短期借款——债务重组（银行）　　　2400（3000×80%）
　　　　应付账款——债务重组（P公司）　　　960（1200×80%）
　　　　营业外收入　　　　　　　　　　　　　　　　　600
　　　　资本公积　　　　　　　　　　　　　　　　　　240

6月28日，甲公司偿付了上述有关债务。为了解决甲公司资金困难，甲公司的母公司为其支付了600万元的购入存货的采购款，不影响甲公司各股东的持股比例。

甲公司母公司代其支付的购货款属于母公司的资本性投入，应计入资本公积。

借：短期借款——债务重组（银行）　　　　　　　　　2400
　　应付账款——债务重组（P公司）　　　　　　　　　960
　　贷：银行存款　　　　　　　　　　　　　　　　　3360

借：应付账款　　　　　　　　　　　　　　　　　　　600
　　贷：资本公积　　　　　　　　　　　　　　　　　　600

由资料（4）中的事项编制如下会计分录：

7月1日，甲公司以子公司全部股权换入丙公司30%股权，对丙公司实施重大影响，原子公司投资账面价值为3200万元，公允价值为3600万元，投资时丙公司可辨认净资产公允价值为15000万元，账面价值为12000万元，差额是由一项无形资产形成的，无形资产账面价值3000万元，预计尚可使用30年，采用直线法摊销。

2014年丙公司实现净利润金额为2400万元（全年均衡实现），持有期间丙公司确认其他综合收益60万元。

购入的股权以公允价值入账，投资成本为3600万元。

借：长期股权投资——投资成本　　　　　　　　　　　　3600
　　贷：长期股权投资　　　　　　　　　　　　　　　　　　　3200
　　　　投资收益　　　　　　　　　　　　　　　　　　　　　　400

初始投资成本与享有的按购买日被投资公司可辨认净资产公允价值之间的差额计入营业外收入。

借：长期股权投资——投资成本　　900（15000×30%-3600）
　　贷：营业外收入　　　　　　　　　　　　　　　　　　　　　900

权益法核算下，应根据被投资单位实现的利润确认投资收益，根据被投资单位实现的其他综合收益确认调整长期股权投资的账面价值。

借：长期股权投资——损益调整　　345[（2400/2-3000/30×6/12）×30%]
　　贷：投资收益　　　　　　　　　　　　　　　　　　　　　　345
借：长期股权投资——其他综合收益　　18（60×30%）
　　贷：其他综合收益　　　　　　　　　　　　　　　　　　　　18

（2）由题（1）中的分录可知：甲公司个别财务报表中20×4年因上述交易事项应确认的投资收益、营业外收入、资本公积及其他综合收益的金额分别为：

投资收益=400+345=745（万元）

营业外收入=600+900=1500（万元）

资本公积=600+240=840（万元）

其他综合收益=1400+18=1418（万元）

3.【本题考点】权益结算的股份支付的会计处理

【参考答案及解析】

（1）甲公司该项股份支付的授予日为20×3年1月2日。

理由：股份支付的授予日是指股份支付协议获得批准的日期，甲公司与高管人员在20×3年1月2日签订了股权激励协议并经股东大会批准，故甲公司该项股份支付的授予日为20×3年1月2日。

20×3年，甲公司因该项股份支付应确认的成本费用为：

（50×40000×5×1/1+50×40000×5×1/2+50×40000×5×1/3）/10000=1833.33（万元）

会计分录：

权益结算的股份支付，应将确认的成本费用计入资本公积：

借：管理费用　　　　　　　　　　　　　　　　　　　1833.33
　　贷：资本公积——其他资本公积　　　　　　　　　　1833.33

20×4年，甲公司因该项股份支付应确认的成本费用为：

（50×40000×5×1/1+50×40000×5×2/2+50×40000×5×2/3）/10000－1833.33=833.34（万元）

权益结算的股份支付，应将确认的成本费用计入资本公积：

会计分录：

借：管理费用　　　　　　　　　　　　　　　　　　　833.34
　　贷：资本公积——其他资本公积　　　　　　　　　　833.34

（2）20×4年，因职工行权增加的股本数为50×40000/10000×1=200（万股）。

形成的股本溢价为（50×40000×5×1/1+50×40000×8）/10000－200=2400（万元）

20×4年甲公司高管人员就该股份支付行权的会计分录为：

借：银行存款　　　　　　　　　　　　　　　　　　　1600
　　资本公积——其他资本公积　　　　　　　　　　　　1000
　　贷：股本　　　　　　　　　　　　　　　　　　　　200
　　　　资本公积——股本溢价　　　　　　　　　　　　2400

（3）20×3年，甲公司实现净利润12000万元，甲公司20×3年1月1日发行在外普通股为5000万股，故甲公司20×3年的基本每股收益为12000/5000=2.4（元/股）。

4.【本题考点】递延所得税

【参考答案及解析】

（1）对上述事项或项目产生的暂时性差异影响，分别证明是否应计入递延所得税负债或递延所得税资产，分别说明理由。

1）固定资产项目：需要确认递延所得税资产，因为该固定资产的账面价值小于计税基础，形成可抵扣暂时性差异，需要确认递延所得税资产；

2）无形资产项目：不需要确认递延所得税资产，因为该无形资产是由开发支出形成的，不属于企业合并，且初始确认时既不影响会计利润也不影响应纳税所得额，不需要确认递延所得税，若确认为递延所得税则无对应科目；

3）可供出售金融资产项目：需要确认递延所得税负债，因为该资产的账面价值大于计税基础，且是由于公允价值变动造成的，形成应纳税暂时性差异，需要确认递延所得税；

4）预计负债项目：需要确认递延所得税资产，因为该负债的账面价值大于计税基础，形成可抵扣暂时性差异；

5）发生的广告费需要确认递延所得税资产，因为该广告费实际发生的金额为1500万元，其允许税前扣除的金额为1000万元，而税法规定允许未来税前扣除的金额为500万元，形成可抵扣暂时性差异，需要确认递延所得税资产。

（2）由可供出售金融资产的暂时性差异所产生的所得税影响应计入所有者权益。因为可供出售金融资产产生的暂时性差异是通过其他综合收益核算的，故其确认的递延所得税也应该对应其他综合收益科目，影响所有者权益。

（3）固定资产形成可抵扣暂时性差异期末余额为15000−12000=3000（万元）；

递延所得税资产的期末余额为3000×25%=750（万元）；

预计负债形成的递延所得税资产期末余额为600×25%=150（万元）；

广告费形成的递延所得税资产的本期发生额为500×25%=125（万元）；

故递延所得税资产的本期发生额=（750+150）−100+125=925（万元）；

综上所述，甲公司20×4年度应确认的递延所得税费用为0−925=−925（万元）。

5.【本题考点】企业合并类型的判定、长期股权投资初始入账金额的确定、合并报表中抵销事项的处理

【参考答案及解析】

（1）甲公司合并子公司属于同一控制下企业合并。

理由：甲公司购买乙公司股份之前，其控股股东P公司持有乙公司60%股权，能够对乙公司达到控制，甲乙公司在合并前后均处于同一控股股东的控制下，因此甲公司购买乙公司属于同一控制下企业合并。

（2）甲公司应确认的长期股权投资的初始投资成本为8000×60%+5000=9800（万元）。

会计分录：

借：长期股权投资　　　　　　　　　　　　　　　　　　9800
　　贷：股本　　　　　　　　　　　　　　　　　　　　　1800
　　　　银行存款　　　　　　　　　　　　　　　　　　　5000
　　　　资本公积　　　　　　　　　　　　　　　　　　　3000

（3）2014年甲公司合并财务报表中的有关的调整分录为：

该题中的抵销分录应分三步走：合并日、合并报表编制日、内部交易抵销

1）合并日子公司所有者权益要与母公司长期股权投资相抵销：

借：资本公积　　　　　　　　　　　　　　　　　　　　1800
　　贷：长期股权投资　　　　　　　　　　　1800（5000-8000×40%）

借：股本　　　　　　　　　　　　　　　　　　　　　　2000
　　资本公积　　　　　　　　　　　　　　　　　　　　3200
　　盈余公积　　　　　　　　　　　　　　　　　　　　1600
　　未分配利润　　　　　　　　　　　　　　　　　　　1200
　　贷：长期股权投资　　　　　　　　　　　　　　　　8000

借：资本公积　　　　　　　　　　　　　　　　　　　　1680
　　贷：盈余公积　　　　　　　　　　　　960（1600×60%）
　　　　未分配利润　　　　　　　　　　　720（1200×60%）

借：应付账款　　　　　　　　　　　　　　　　　　　　560
　　贷：应收账款　　　　　　　　　　　　　　　　　　560

借：应收账款——坏账准备　　　　　　　　　　　　　　34
　　贷：未分配利润——年初　　　　　　　　　　　　　34

借：存货　　　　　　　　　　　　　　　　　　　　　　200

贷：未分配利润——年初   200

2）资产负债表日合并报表处理：

借：资本公积   1800
　　贷：长期股权投资   1800

按照权益法调整长期股权投资，会计分录：

借：长期股权投资   920
　　贷：投资收益   800
　　　　其他综合收益   120

借：股本   2000
　　资本公积   3200
　　其他综合收益   120
　　盈余公积   1680
　　未分配利润——年末   1920
　　贷：长期股权投资   8920

借：投资收益   800
　　未分配利润——年初   1200
　　贷：提取盈余公积   80
　　　　未分配利润——年末   1920

借：资本公积   1680
　　贷：盈余公积   960（1600×60%）
　　　　未分配利润   720（1200×60%）

3）母子公司之间内部交易相抵销：

借：应付账款   560
　　贷：应收账款   560

借：应收账款——坏账准备   34
　　贷：未分配利润——年初   34

借：营业成本   200
　　贷：未分配利润——年初   200

借：营业外收入   340
　　贷：无形资产   340

借：无形资产——累计摊销   34（340/5×6/12）

　　　　贷：管理费用　　　　　　　　　　　　　　　　　　34
　　借：应付账款　　　　　　　　　　　　　　　　　　500
　　　　贷：应收账款　　　　　　　　　　　　　　　　　500
　　借：应收账款——坏账准备　　　　　　　　　　　　59
　　　　贷：资产减值损失　　　　　　　　　　　　　　　59

6.【本题考点】企业合并、长期股权投资、合并财务报表
【参考答案及解析】
（1）由于合并前后甲公司与丙、丁公司不存在关联关系，故该企业合并属于非同一控制下的企业合并。在个别财务报表中，购买方应以购买日之前所持被购买方的股权投资的账面价值与购买日的新增投资成本之和，作为该项投资的初始投资成本，故个别财务报表中该项股权投资的初始投资成本为：5400+13000=18400（万元）。

会计分录：
　　借：长期股权投资　　　　　　　　　　　　　　　13000
　　　　贷：银行存款　　　　　　　　　　　　　　　　13000

（2）在合并财务报表中，购买方在购买日之前所持有的被购买方的股权投资，应该按照该股权在购买日的公允价值进行重新计量。

1）合并财务报表中的合并成本为购买日之前持有的被购买方的股权于购买日的公允价值，加上购买日新增股权的公允价值。

2）将上述合并成本与购买日享有的被购买方可辨认净资产公允价值份额进行比较，确定是否存在商誉。

　　合并财务报表中的合并成本为6200+13000=19200（万元）。
　　商誉为19200−20000×80%=3200（万元）。

（3）在合并财务报表中，购买方在购买日之前持有的被购买方股权，应该按照购买日的公允价值进行重新计量，与账面价值之间的差额计入投资收益。如果购买方在购买日之前持有的被购买方股权涉及其他综合收益，购买方应在购买日将该其他综合收益转为投资收益。

　　故，购买方在合并财务报表中应该确认的投资收益为（6200−5400）+60=860（万元）。

　　借：长期股权投资　　　　　　　　　　　　　　　　800
　　　　贷：投资收益　　　　　　　　　　　　　　　　　800
　　借：资本公积——其他资本公积　　　　　　　　　　　60

贷：投资收益　　　　　　　　　　　　　　　　　　　　　　　60

（4）合并财务报表编制时，第一，应将母公司对子公司的长期股权投资与享有的子公司的所有者权益份额相抵销；第二，必须对子公司的投资收益与子公司当年的利润分配相抵销，使得合并财务报表能够反映母公司股东权益变动的情况。

会计分录：

借：无形资产　　　　　　　　　　　　　　　　　　　　　　2000
　　贷：资本公积　　　　　　　　　　　　　　　　　　　　　2000
借：管理费用　　　　　　　　　　　　　　　　　　　　　　　200
　　贷：无形资产——累计摊销　　　　　　　　　　　　　200（2000/10）

按购买日子公司可辨认净资产公允价值调整后的净利润为（500-2000/10）=300（万元）。

借：长期股权投资　　　　　　　　　　　　　　　　　　　　　240
　　贷：投资收益　　　　　　　　　　　　　　　　　　240（300×80%）
借：长期股权投资　　　　　　　　　　　　　　　　　　48（60×80%）
　　贷：其他综合收益　　　　　　　　　　　　　　　　　　　　48
借：股本　　　　　　　　　　　　　　　　　　　　　　　　10000
　　资本公积　　　　　　　　　　　　　　　　　　2100（100+2000）
　　其他综合收益　　　　　　　　　　　　　　　　　　　　　　60
　　盈余公积　　　　　　　　　　　　　　　　　　　　　　　1670
　　未分配利润　　　　　　　　　　　　　　　　　　　　　　6530
　　商誉　　　　　　　　　　　　　　　　　　　　　　　　　3200
　　贷：长期股权投资　　　　　　　　　19488（18400+800+240+48）
　　　　少数股东权益　　　　　　　　　　　　　　　　　　　4072
借：投资收益　　　　　　　　　　　　　　　　　　　240（300×80%）
　　少数股东损益　　　　　　　　　　　　　　　　　　60（300×20%）
　　未分配利润——年初　　　　　　　　　　　　　　　　　　6280
　　贷：提取盈余公积　　　　　　　　　　　　　　　　50（500×10%）
　　　　未分配利润——年末　　　　　　　　　　　　　　　　6530

（5）个别报表中，母公司因处置部分股权导致持股比例下降，从而不能再对被投资单位实施控制时，应将剩余的股权投资按照金融工具确认和计量准则的要求进行处理，于失去控制权当日将剩余股权按照公允价值计量，公允价值与账面价值之

/ 95 /

间的差额计入当期损益,并将原投资涉及的其他综合收益转入投资收益。

故个别报表中应确认的投资收益为:

(20000−18400×70%/80%)+(2500−18400×10%/80%)+60=4160(万元)。

(6)合并财务报表中,母公司因处置部分股权导致持股比例下降,从而不能再对被投资单位实施控制时,应将处置股权取得的对价与剩余股权的公允价值之和,减去按原持股比例计算的应享有原子公司自购买日开始持续计量的净资产账面价值份额与商誉之和,形成的差额计入丧失控制权当期的投资收益。并且与原子公司的股权投资相关的其他综合收益、其他所有者权益变动也一并转入投资收益。

故合并报表中确认的投资收益为:

(20000+2500)−[(20000+300+60)×80%]+48=3060(万元)。

2014年度注册会计师全国统一考试·会计考试真题（A卷）

一、单项选择题

1. 甲公司为制造企业，其在日常经营活动中发生的下列费用或损失，应当计入存货成本的是（　　）。
   A. 仓库保管人员的工资
   B. 季节性停工期间发生的制造费用
   C. 未使用管理用固定资产计提的折旧
   D. 采购运输过程中因自然灾害发生的损失

2. 甲公司20×3年7月1日自母公司（丁公司）取得乙公司60%股权，当日，乙公司个别财务报表中净资产账面价值为3200万元。该股权系丁公司于20×1年6月自公开市场购入，丁公司在购入乙公司60%股权时确认了800万元商誉。20×3年7月1日，按丁公司取得该股权时乙公司可辨认净资产公允价值为基础持续计算的乙公司可辨认净资产价值为4800万元。为进行该项交易，甲公司支付有关审计等中介机构费用120万元。不考虑其他因素，甲公司应确认对乙公司股权投资的初始投资成本是（　　）。
   A. 1920万元　　　　　　　　　B. 2040万元
   C. 2880万元　　　　　　　　　D. 3680万元

3. 甲公司为某集团母公司，其与控股子公司（乙公司）会计处理存在差异的下列事项中，在编制合并财务报表时，应当作为会计政策予以统一的是（　　）。
   A. 甲公司产品保修费用的计提比例为售价的3%，乙公司为售价的1%
   B. 甲公司对机器设备的折旧年限按不少于10年确定，乙公司为不少于15年
   C. 甲公司对投资性房地产采用成本模式进行后续计量，乙公司采用公允价值模式
   D. 甲公司对1年以内应收款项计提坏账准备的比例为期末余额的5%，乙公司为期末余额的10%

4. 下列各项中，应当作为以现金结算的股份支付进行会计处理的是（   ）。

　　A. 以低于市价向员工出售限制性股票的计划

　　B. 授予高管人员低于市价购买公司股票的期权计划

　　C. 公司承诺达到业绩条件时向员工无对价定向发行股票的计划

　　D. 授予研发人员以预期股价相对于基准日股价的上涨幅度为基础支付奖励款的计划

5. 甲公司应收乙公司货款2000万元，因乙公司财务困难到期未予偿付，甲公司就该项债权计提了400万元的坏账准备。20×3年6月10日，双方签订协议，约定以乙公司生产的100件A产品抵偿该债务。乙公司A产品售价为13万元/件（不含增值税），成本为10万元/件；6月20日，乙公司将抵债产品运抵甲公司并向甲公司开具了增值税专用发票。甲、乙公司均为增值税一般纳税人，适用的增值税税率均为17%。不考虑其他因素，甲公司应确认的债务重组损失是（   ）。

　　A. 79万元　　　　　　　　　　　B. 279万元

　　C. 300万元　　　　　　　　　　 D. 600万元

6. 企业因下列交易事项产生的损益中，不影响发生当期营业利润的是（   ）。

　　A. 固定资产处置损失

　　B. 投资于银行理财产品取得的收益

　　C. 预计与当期产品销售相关的保修义务

　　D. 因授予高管人员股票期权在当期确认的费用

7. 下列与可供出售金融资产相关的价值变动中，应当直接计入发生当期损益的是（   ）。

　　A. 可供出售权益工具公允价值的增加

　　B. 购买可供出售金融资产时发生的交易费用

　　C. 可供出售债务工具减值准备在原减值损失范围内的转回

　　D. 以外币计价的可供出售权益工具由于汇率变动引起的价值上升

8. 甲公司20×3年实现归属于普通股股东的净利润为1500万元，发行在外普通股的加权平均数为3000万股。甲公司20×3年有两项与普通股有关的合同：（1）4月1日授予的规定持有者可于20×4年4月1日以5元/股的价格购买甲公司 900 万股普通股的期权合约；（2）7 月 1 日授予员工 100 万份股票期权，每份期权于 2 年后的到期日可以 3 元 / 股的价格购买 1 股甲公司普通股。甲公司 20×3 年普通股平均市场价格为 6 元 / 股。不考虑其他因素，甲公司 20×3 年稀释每股收益为（ ）。

　　A. 0.38 元 / 股　　　　　　　　B. 0.48 元 / 股

　　C. 0.49 元 / 股　　　　　　　　D. 0.50 元 / 股

9. 甲公司计划出售一项固定资产，该固定资产于 20×7 年 6 月 30 日被划分为持有待售固定资产，公允价值为 320 万元，预计处置费用为 5 万元。该固定资产购买于 20×0 年 12 月 11 日，原值为 1000 万元，预计净残值为零，预计使用寿命为 10 年，采用年限平均法计提折旧，取得时已达到预定可使用状态。不考虑其他因素，该固定资产 20×7 年 6 月 30 日应予列报的金额是（ ）。

　　A. 315 万元

　　B. 320 万元

　　C. 345 万元

　　D. 350 万元

10. 甲公司为设备安装企业。20×3 年 10 月 1 日，甲公司接受一项设备安装任务：安装期为 4 个月，合同总收入 480 万元。至 20×3 年 12 月 31 日，甲公司已预收合同价款 350 万元，实际发生安装费 200 万元，预计还将发生安装费 100 万元。假定甲公司按实际发生的成本占预计总成本的比例确定劳务完工进度。甲公司 20×3 年该设备安装业务应确认的收入是（ ）。

　　A. 320 万元

　　B. 350 万元

　　C. 450 万元

　　D. 480 万元

11. 下列各项中，体现实质重于形式这一会计信息质量要求的是（ ）。

　　A. 确认预计负债

　　B. 对存货计提跌价准备

　　C. 对外公布财务报表时提供可比信息

　　D. 将融资租入固定资产视为自有资产入账

12. 甲公司向乙公司租入临街商铺，租期自20×6年1月1日至20×8年12月31日。租期内第一个半年为免租期，之后每半年租金30万元，于每年年末支付。除租金外，如果租赁期内租赁商铺销售额累计达到3000万元或以上，乙公司将获得额外90万元经营分享收入。20×6年度商铺实现的销售额为1000万元。甲公司20×6年应确认的租赁费用是（ ）。

A. 30万元

B. 50万元

C. 60万元

D. 80万元

二、多项选择题

1. 下列各项交易费用中，应当于发生时直接计入当期损益的有（ ）。

A. 与取得交易性金融资产相关的交易费用

B. 同一控制下企业合并中发生的审计费用

C. 取得一项持有至到期投资发生的交易费用

D. 非同一控制下企业合并中发生的资产评估费用

2. 下列资产中，不需要计提折旧的有（ ）。

A. 已划分为持有待售的固定资产

B. 以公允价值模式进行后续计量的已出租厂房

C. 因产品市场不景气尚未投入使用的外购机器设备

D. 已经完工投入使用但尚未办理竣工决算的自建厂房

3. 不考虑其他因素，甲公司发生的下列交易事项中，应当按照非货币性资产交换进行会计处理的有（ ）。

A. 以对子公司股权投资换入一项投资性物业

B. 以本公司生产的产品换入生产用专利技术

C. 以原准备持有至到期的债权投资换入固定资产

D. 定向发行本公司股票取得某被投资单位40%股权

4. 下列各项中，无论是否有确凿证据表明资产存在减值迹象，均应至少于每年年末进行减值测试的有（　　）。

A. 对联营企业的长期股权投资

B. 使用寿命不确定的专有技术

C. 非同一控制下企业合并产生的商誉

D. 尚未达到预定可使用状态的无形资产

5. 下列各项关于附等待期的股份支付的会计处理的表述中，正确的有（　　）。

A. 以权益结算的股份支付，相关权益性工具的公允价值在授予日后不再调整

B. 现金结算的股份支付在授予日不作会计处理，但权益结算的股份支付应予处理

C. 附市场条件的股份支付，应在所有市场及非市场条件均满足时确认相关成本费用

D. 业绩条件为非市场条件的股份支付，等待期内应根据后续信息调整对可行权情况的估计

6. 20×2年1月1日，甲公司从乙公司购入一项无形资产，由于资金周转紧张，甲公司与乙公司协议以分期付款方式支付款项。协议约定：该项无形资产作价2000万元，甲公司每年年末付款400万元，分5年付清。假定银行同期贷款利率为5%，5年期5%利率的年金现值系数为4.3295。不考虑其他因素，下列甲公司与该无形资产相关的会计处理中，正确的有（　　）。

A. 20×2年财务费用增加86.59万元

B. 20×3年财务费用增加70.92万元

C. 20×2年1月1日确认无形资产2000万元

D. 20×2年12月31日长期应付款列报为2000万元

7. 下列交易事项中，会影响企业当期营业利润的有（　　）。

A. 出租无形资产取得租金收入

B. 出售无形资产取得出售收益

C. 使用寿命有限的管理用无形资产的摊销

D. 使用寿命不确定的无形资产计提的减值

8. 20×2年1月1日，甲公司签订了一项总金额为280万元的固定造价合同，预计总成本为240万元，完工进度按照累计实际发生的合同成本占合同预计总成本的比例确定。工程于20×2年2月1日开工，预计于20×4年6月1日完工。20×2年实际发生成本120万元，预计还将发生成本120万元。20×3年实际发生成本90万元，由于原材料价格上涨，预计工程总成本将上升至300万元。不考虑其他因素，下列甲公司对该建造合同相关的会计处理中，正确的有（　　）。

A. 20×3年确认合同毛利-34万元

B. 20×3年确认建造合同收入56万元

C. 20×2年确认建造合同收入140万元

D. 20×3年年末计提存货跌价准备6万元

9. 下列交易事项中，能够引起资产和所有者权益同时发生增减变动的有（　　）。

A. 分配股票股利

B. 以银行存款支付材料采购价款

C. 接受现金捐赠

D. 固定资产盘盈

10. 不考虑其他因素，下列单位和个人属于甲公司关联方的有（　　）。

A. 甲公司的联营企业

B. 持有甲公司5%股权且向甲公司派出一名董事的股东

C. 甲公司控股股东的财务总监

D. 与甲公司共同控制某合营企业的另一合营方

三、综合题

1. 甲公司为房地产开发企业，采用公允价值模式计量投资性房地产。

（1）20×6年1月1日，甲公司以30000万元购买一栋已达到预定可使用状态的公寓，其总面积为1万平方米，每平方米的价款为3万元，该公寓的使用年限是50年，预计净残值为0。甲公司计划将该公寓对外出租。

（2）20×6年，甲公司租金收入总额750万元，发生费用支出（不含折旧）

150万元。后来，甲公司出售了部分公寓，出售部分面积占20%，取得收入6300万元，所出售公寓于20×6年12月31日办理了房产过户手续。年末该公寓公允价值为每平方米3.15万元。

其他资料：

甲公司所发生的收入、支出均以银行存款结算。

根据税法规定，出租的投资性房地产按照50年，采用年限平均法计提折旧，甲公司所得税税率为25%。150万元的支出计入应纳税所得额，税法从购买日开始计提折旧，公允价值变动不计入应纳税所得额。

不考虑所得税以外的其他税费。

要求：

（1）编制甲公司20×6年1月1日、12月31日与投资性房地产购买、公允价值变动，出租、出售相关的会计分录。

（2）计算该公寓20×6年12月31日的账面价值、计税基础以及暂时性差异。

（3）计算甲公司20×6年当期所得税，并编制与确认所得税费用相关的会计分录。

2. 注册会计师在对甲公司20×8年度财务报表进行审计时,关注到甲公司对前期财务报表进行了追溯调整,具体情况如下:

(1)甲公司20×7年1月1日开始进行某项新技术的研发,截至20×7年12月31日,累计发生研究支出300万元,开发支出200万元。在编制20×7年度财务报表时,甲公司考虑到相关技术尚不成熟,能否带来经济利益尚不确定,将全部研究和开发费用均计入当期损益。20×8年12月31日,相关技术的开发取得重大突破,管理层判断其未来能够带来远高于研发成本的经济利益流入,且甲公司有技术、财务和其他资源支持其最终完成该项目。

甲公司将本年发生的原计入管理费用的研发支出100万元全部转入"开发支出"项目,并对20×7年已费用化的研究和开发支出进行了追溯调整,相关会计处理如下(单位:万元):

借:研发支出(资本化支出)　　　　　　　　　　　　600
　　贷:以前年度损益调整　　　　　　　　　　　　　　500
　　　　管理费用　　　　　　　　　　　　　　　　　　100

(2)20×7年7月1日,甲公司向乙公司销售产品,增值税专用发票上注明的销售价格为1000万元,增值税款170万元,并于当日取得乙公司转账支付的1170万元。销售合同中还约定:20×8年6月30日甲公司按1100万元的不含增值税价格回购该批商品,商品一直由甲公司保管,乙公司不承担商品实物灭失或损失的风险。在编制20×7年财务报表时,甲公司将上述交易作为一般的产品销售处理,确认了销售收入1000万元,并结转销售成本600万元。

20×8年6月30日,甲公司按约定支付回购价款1100万元和增值税款187万元,并取得了增值税专用发票。甲公司重新审阅相关合同,认为该项交易实质上是抵押借款,上年度不应作为销售处理,相关会计处理如下(单位:万元):

借:以前年度损益调整(20×7年营业收入)　　　　　1000
　　贷:其他应付款　　　　　　　　　　　　　　　　1000
借:库存商品　　　　　　　　　　　　　　　　　　　600
　　贷:以前年度损益调整(20×7年营业成本)　　　　600
借:其他应付款　　　　　　　　　　　　　　　　　　1000
　　财务费用　　　　　　　　　　　　　　　　　　　100
　　应交税费——应交增值税(进项税额)　　　　　　187

　　　　贷：银行存款　　　　　　　　　　　　　　　　　　　　1287

　　（3）甲公司20×7年度因合同纠纷被起诉。在编制20×7年度财务报表时，该诉讼案件尚未判决，甲公司根据法律顾问的意见，按最可能发生的赔偿金额100万元确认了预计负债。20×8年7月，法院判决甲公司赔偿原告150万元。甲公司决定接受判决，不再上诉。据此，甲公司相关会计处理如下：

　　借：以前年度损益调整　　　　　　　　　　　　　　　　　　50
　　　　贷：预计负债　　　　　　　　　　　　　　　　　　　　　50

　　（4）甲公司某项管理用固定资产系20×5年6月30日购入并投入使用，该设备原值1200万元，预计使用年限12年，预计净残值为零，按年限平均法计提折旧。20×8年6月，市场出现更先进的替代资产，管理层重新评估了该资产的剩余使用年限，预计其剩余使用年限为6年，预计净残值为零（折旧方法不予调整）。甲公司20×8年的相关会计处理如下（单位：万元）：

　　借：以前年度损益调整　　　　　　　　　　　　　　　　　83.33
　　　　管理费用　　　　　　　　　　　　　　　　　　　　　133.33
　　　　贷：累计折旧　　　　　　　　　　　　　　　　　　　216.66

其他资料：

不考虑所得税等相关税费的影响，以及以前年度损益调整结转的会计处理。

要求：

根据资料（1）至（4），判断甲公司对相关事项的会计处理是否正确，并说明理由；对于不正确的事项，编制更正有关会计处理的调整分录。

3. 甲公司20×8年发生的部分交易事项如下：

（1）20×8年4月1日，甲公司对9名高管人员每人授予20万份甲公司认股权证，每份认股权证的持有人有权在20×9年2月1日按每股10元的价格购买1股甲公司股票。该认股权证不附加其他行权条件，无论行权日相关人员是否在职均不影响其享有的权利，行权前的转让也不受限制。授予日，甲公司股票每股市价10.5元，每份认股权证公允价值为2元。甲公司股票20×8年平均市价为10.8元，20×8年4月1日至12月31日平均市价为12元。

（2）20×8年7月1日，甲公司发行5年期可转换公司债券100万份，每份面值100元，票面年利率5%，利息于每年6月30日支付（第一次支付在20×9年6月30日）。可转换债券持有人有权在期满时按每份债券的面值换5股股票的比例将债权转换为甲公司普通股股票。已知不附转股权的市场利率8%。

（3）20×8年9月10日，甲公司以每股6元自公开市场购入100万股乙公司股票，另支付手续费8万元，取得时乙公司已宣告按照每股0.1元发放上年度现金股利。甲公司将取得的乙公司股票分类为可供出售金融资产。有关现金股利已经收到。20×8年12月31日，乙公司股票每股7.5元。

（4）甲公司发行在外普通股均为1000万股。20×8年1月31日，未分配利润转增股本1000万股，甲公司20×8年归属于普通股股东的净利润为5000万元，20×7年归属于普通股股东的净利润为4000万元。

其他资料：

（P/A，5%，5）=4.3295；（P/A，8%，5）=3.9927；（P/F，5%，5）=0.7835；（P/F，8%，5）=0.6806

不考虑所得税等相关税费以及其他因素影响。

要求：

（1）根据资料（1），说明甲公司20×8年应进行的会计处理，计算20×8年应确认的费用金额并编制相关会计分录。

（2）根据资料（2），说明甲公司对可转换公司债券进行的会计处理，编制甲公司20×8年与可转换公司债券相关的会计分录，计算20×8年12月31日与可转换公司债券相关负债的账面价值。

(3)根据资料(3),编制甲公司20×8年与可供出售金融资产相关的会计分录。

(4)根据资料(1)-(4),确定甲公司20×8年计算稀释每股收益时应考虑的具有稀释性潜在普通股并说明理由;计算甲公司20×8年度财务报表中应列报的本年度和上年度基本每股收益、稀释每股收益。

4. 甲股份有限公司（以下简称"甲公司"20×2及20×3件发生了以下交易事项：

（1）20×2年4月1日，甲公司以定向发行本公司普通股2000万股为对价，自乙公司取得A公司30%股权，并于当日向A公司派出董事，参与A公司生产经营决策。当日，甲公司发行股份的市场价格为5元/股，另支付中介机构佣金1000万元；A公司可辨认净资产公允价值为30000万元，除一项固定资产公允价值为2000万元、账面价值为800万元以外，其他资产、负债的公允价值与账面价值相同。A公司增值的固定资产原取得成本为1600万元，原预计使用年限为20年，自甲公司取得A公司股权时起仍可使用10年，采用年限平均法计提折旧，预计净残值为零。

A公司20×2年实现净利润2400万元，假定A公司有关损益在年度中均衡实现；20×2年4月至12月产生其他综合收益600万元。

甲公司与乙公司及A公司在发生该项交易前不存在关联方关系。

（2）20×3年1月2日，甲公司追加购入A公司30%股权并自当日起控制A公司。购买日，甲公司用作合并对价的是本公司一项土地使用权及一项专利技术。土地使用权和专利技术的原价合计为6000万元，已累计摊销1000万元，公允价值合计为12600万元。

购买日，A公司可辨认净资产公允价值为36000万元；A公司所有者权益账面价值为26000万元，具体构成为：股本6667万元、资本公积（资本溢价）4000万元、其他综合收益2400万元、盈余公积6000万元、未分配利润6933万元。

甲公司原持有A公司30%股权于购买日的公允价值为12600万元。

（3）20×3年6月20日，甲公司将其生产的某产品出售给A公司。该产品在甲公司的成本为800万元，销售给A公司的售价为1200万元（不含增值税市场价格）。

A公司将取得的该产品作为管理用固定资产，预计可使用10年，预计净残值为零，采用年限平均法计提折旧。

截至20×3年12月31日，甲公司应收A公司上述货款尚未收到。甲公司对1年以内应收账款（含应收关方款项）按照期末余额的2%计提坏账准备。

甲公司应收A公司货款于20×4年3月收到，A公司从甲公司购入的产品处于正常使用中。

其他资料：

本题不考虑所得税等相关税费。

要求：

（1）确定甲公司20×2年4月1日对A公司30%股权投资成本，说明甲公司对该项投资应采用的核算方法及理由，编制与确认该项投资相关的会计分录。

（2）计算甲公司20×2年因持有A公司30%股权应确认的投资收益，并编制20×2年与调整该项股权投资账面价值相关的会计分录。

（3）确定甲公司合并A公司的购买日、企业合并成本及应确认的商誉金额，分别计算甲公司个别财务报表、合并财务报表中因持有A公司60%股权投资应计入损益的金额，确定购买日甲公司个别财务报表中对A公司60%股权投资的账面价值并编制购买日甲公司合并A公司的抵销分录。

（4）编制甲公司20×3年合并财务报表时，与A公司内部交易相关的抵销分录。

（5）编制甲公司20×4年合并财务报表时，与A公司20×3年内部交易相关的抵销分录。

2014年度注册会计师全国统一考试·会计考试真题（A卷）参考答案深度全面解析与应试重点

一、单项选择题

1.【参考答案】B

【本题考点】存货成本的确定

【解析】仓库保管人员的工资应计入管理费用而非存货成本，故选项A错误；季节性停工期间发生的制造费用属于间接生产成本，最终会转入存货成本，故选项B正确；未使用管理用固定资产计提的折旧应计入管理费用，不计入存货的成本，故选项C错误；采购运输过程中因自然灾害发生的损失应计入营业外支出，故选项D错误。

2.【参考答案】D

【本题考点】长期股权投资初始投资成本的确定

【解析】因合并前后，合并双方均处于相同的最终方控制，故该合并属于同一控制下的企业合并。初始投资成本为甲公司享有的按丁公司取得该股权时乙公司可辨认净资产公允价值为基础持续计算的乙公司可辨认净资产份额再加上丁公司从外部取得乙公司时产生的商誉，即：

4800×60%+800=3680（万元），选项D正确。

3.【参考答案】C

【本题考点】会计政策与会计估计的划分

【解析】会计政策是指企业在会计确认、计量和报告中所采用的原则基础和会计处理方法。会计估计是指企业对结果不确定的交易或者事项以最近可利用的信息为基础所作的判断。

产品保修费用的计提比例、机器设备的折旧年限、应收账款坏账准备的计提比例都属于会计估计，投资性房地产后续计量模式的选择属于会计政策，故选项C正确。

4.【参考答案】D

【本题考点】现金结算的股份支付和权益结算的股份支付两者之间的区分

【解析】企业为获取职工服务而以股份或者权益工具作为对价进行交易的股份支付属于权益结算的股份支付；企业为获取职工服务而承担的以股份或其他权益工具为基础计算的交付现金义务的交易属于现金结算的股份支付。

以低于市价向员工出售限制性股票的计划、授予高管人员低于市价购买公司股票的期权计划、公司承诺达到业绩条件时向员工无对价定向发行股票的计划否属于以权益结算的股份支付，授予研发人员以预期股价相对于基准日股价的上涨幅度为基础支付奖励款的计划属于现金结算的股份支付。故选项D正确。

5.【参考答案】A

【本题考点】债务重组损失的确定

【解析】甲公司该项债权的账面价值为2000-400=1600（万元），重组协议签订后，约定以乙公司生产的100件A产品抵偿该债务，该批产品的含税价格为100×13×（1+17%）=1521（万元），故甲公司债务重组损失为1600-1521=79（万元），选项A正确。

6.【参考答案】A

【本题考点】利润表中营业利润的组成

【解析】营业利润=营业收入－营业成本－销售费用－管理费用－财务费用－资产减值损失+公允价值变动收益+投资收益；固定资产处置损失计入营业外支出，不影响营业利润，选项A正确；

投资于银行理财产品取得的收益计入投资收益；预计与当期产品销售相关的保修义务确认为一项预计负债，计入销售费用；因授予高管人员股票期权在当期确认的费用计入管理费用，上述三事项均影响营业利润。

7.【参考答案】C

【本题考点】可供出售金融资产公允价值变动的会计处理

【解析】可供出售金融资产分为可供出售权益性工具与可供出售债务性工具，其公允价值变动计入其他综合收益。前者的资产减值损失恢复时计入其他综合收益，后者的资产减值损失恢复时在减值范围内冲减资产减值损失。故选项A错误，选项C正确；购买可供出售金融资产时发生的交易费用应计入初始投资成本，故选项B错误；以外币计价的可供出售权益工具由于汇率变动引起的价值上升应计入其他综合收益，故选项D错误。

8.【参考答案】B

【本题考点】稀释每股收益

【解析】稀释每股收益是以基本每股收益为基础，假设企业所有发行在外的稀释性潜在普通股均已转换为普通股，从而分别调整归属于普通股股东的当期净利润以及发行在外普通股的加权平均数计算而得的每股收益，

合同（1）将调整增加普通股股数 900－900×5/6=150（万股），合同（2）将调整增加的普通股股数为 100－100×3/6=50（万股）。故甲公司20×3年的稀释每股收益为 1500/（3000+150×9/12+50×6/12）=0.48（元/股），选项B正确。

9.【参考答案】A

【本题考点】持有待售固定资产的列报

【解析】持有待售固定资产应以划分为持有待售固定资产前的账面价值与划分为持有待售固定资产日其公允价值减去预计处置费用后的净额两者孰低来列报。

甲公司该项固定资产在20×7年6月30日被划分为持有待售固定资产前的账面价值为 1000－1000/10×6.5=350（万元），

该项固定资产在20×7年6月30日被划分为持有待售固定资产时，公允价值减去预计处置费用后的净额为 320－5=315（万元），可见应按照315万元来列报该持有待售固定资产，选项A正确。

10.【参考答案】A

【本题考点】设备安装业务收入的确认

【解析】因题中假定甲公司按实际发生的成本占预计总成本的比例确定劳务完工进度，至20×3年12月31日，安装完工进度为 200/（200+100）=2/3，故甲公司20×3年该设备安装业务应确认的收入为 480×2/3=320（万元），选项A正确。

11.【参考答案】D

【本题考点】会计信息质量要求

【解析】确认预计负债、对存货计提跌价准备体现的是谨慎性原则；对外公布财务报表时提供可比信息体现的是可比性原则；将融资租入固定资产视为自有资产入账体现的是实质重于形式要求，故选项D正确。

12.【参考答案】B

【本题考点】部分期间免租金的租赁业务中租赁费用的确认

【解析】部分期间免租金并且涉及租金补偿的租赁业务，应将扣除租金补偿后的租金在租赁期间内均摊。甲公司20×6年应确认的租赁费用为30×2×2.5/3=50（万元），选项B正确。

二、多项选择题

1.【参考答案】A、B、D

【本题考点】对持有至到期投资发生的交易费用的会计处理

【解析】与取得交易性金融资产相关的交易费用应冲减投资收益，故选择A正确；同一控制下企业合并中发生的审计费用应计入管理费用，故选项B正确；取得一项持有至到期投资发生的交易费用应计入持有至到期投资的初始投资成本，选项C错误；非同一控制下企业合并中发生的资产评估费用也应计入管理费用，选项D正确。

2.【参考答案】A、B

【本题考点】固定资产不需计提折旧的情况

【解析】已划分为持有待售的固定资产不再需要计提折旧，选项A正确；以公允价值模式进行后续计量的已出租厂房属于公允价值模式计量的投资性房地产，不需要计提折旧，选项B正确；因产品市场不景气尚未投入使用的外购机器设备以及已经完工投入使用但尚未办理竣工决算的自建厂房都需要计提折旧，选项C、D错误。

3.【参考答案】A、B

【本题考点】非货币性资产与非货币性资产的区别

【解析】非货币性资产交换是指交易双方主要以存货、固定资产、无形资产和长期股权投资等非货币性资产进行的交换，该交换不涉及或仅仅涉及少量的货币性资产（即补价，补价占整个资产交换金额的比例要低于25%）。

非货币性资产是相对于货币性资产而言的。货币性资产是指企业持有的货币资金和将以固定或可确定的金额收取的资产,包括现金、银行存款、应收账款和应收票据以及准备持有至到期的债券投资等;而非货币性资产是指货币性资产以外的资产,包括存货、固定资产、无形资产、长期股权投资、不准备持有至到期的债券投资等,即货币金额是不固定的或不可确定的。

原准备持有至到期的债权投资属于货币性资产,发行的本公司股票属于所有者权益,故选项A、B正确。

4.【参考答案】B、C、D

【本题考点】资产减值测试

【解析】使用寿命不确定的无形资产以及企业合并过程中产生的商誉,无论是否有确凿证据表明资产存在减值迹象,均应至少每年年末进行减值测试;尚未达到预定可使用状态的无形资产因为其价值存在较大的不确定性,也应当于每年年末进行减值测试。故选项B、C、D正确。

5.【参考答案】A、D

【本题考点】附等待期的股份支付的会计处理

【解析】以权益结算的股份支付,相关权益性工具的公允价值在授予日后不再调整,故选项A正确;除了立即可行权的股份支付外,无论是现金结算的股份支付还是权益结算的股份支付,在授予日均不作处理,故选项B错误;附市场条件的股份支付,在非市场条件满足的时候即可确认相关成本费用,选项C错误;业绩条件为非市场条件的股份支付,等待期内应根据后续信息调整对可行权情况的估计,故选项D正确。

6.【参考答案】A、B

【本题考点】分期付款购入商品的会计处理

【解析】购买无形资产价款超过正常信用条件而延期支付的,实质上具有融资性质。无形资产的成本以购买价款的现值为基础确定。实际支付的价款与购买价款的现值之间的差额,应当在信用期间内采用实际利率法进行摊销,摊销金额除满足借款费用资本化条件应当计入无形资产成本外,均应当在信用期间内确认为财务费用,计入当期损益。

20×2年产生的财务费用为400×4.3295×5%=1731.8×5%=86.59(万元),选项A正确;20×3年产生的财务费用为(1731.8+86.59−400)×5%=70.92(万

元），选项B正确；20×2年1月1日确认无形资产400×4.3295=1731.8（万元），故选项C错误；20×2年应付本金减少额400-86.59=329.08（万元），该金额应在20×3年的资产负债表中"一年内到期的非流动负债"项目中列报。20×3年应付本金减少额400-70.92=329.08（万元），该金额应在20×2年的资产负债表中"一年内到期的非流动负债"项目中列报。故20×2年12月31日长期应付款列报金额应为1731.8-（400-86.59）-（400-70.92）=1089.31（万元），选项D错误。

7.【参考答案】A、C、D

【本题考点】

【解析】营业利润＝营业收入－营业成本－销售费用－管理费用－财务费用－资产减值损失＋公允价值变动收益＋投资收益

出租无形资产取得租金收入应计入营业收入，影响营业利润，选项A正确；出售无形资产取得出售收益应计入营业外收入，不影响营业利润，选择B错误；使用寿命有限的管理用无形资产的摊销应计入管理费用，影响营业利润，选项C正确；使用寿命有限的管理用无形资产的摊销应计入资产减值损失，影响营业利润，选项D正确。

8.【参考答案】A、B、C、D

【本题考点】建造合同的会计处理

【解析】因为完工进度按照累计实际发生的合同成本占合同预计总成本的比例确定，20×2年完工进度为120/（120+120）×100%=50%，20×2年确认建造合同收入280×50%=140（万元），故选项C正确；20×3年完工进度为（90+120）/300×100%=70%，20×3年确认建造合同收入280×70%-140=56（万元），选项B正确；20×3年确认建造合同成本为300×70%-120=90（万元），20×3年确认合同毛利56-90=-34（万元），选项A正确；由于原材料价格上涨，预计工程总成本将上升至300万元，超过合同上的280万元成本，故应计提存货跌价准备（300-280）×（1-70%）=6（万元），故选项D正确。

9.【参考答案】C、D

【本题考点】资产和所有者权益的定义及确认

【解析】分配股票股利属于所有者权益内部结转，故选项A错误；以银行存款支付材料采购价款属于资产内部增减变动,故选项B错误;接受现金捐赠、固定资产盘盈会同时增加企业的资产和所有者权益,故选项C、D正确。

10.【参考答案】A、B、C

【本题考点】关联方关系的判定

【解析】一方控制、共同控制另一方或对另一方施加重大影响,以及两方或两方以上同受一方控制、共同控制的,构成关联方。

常见的不构成关联方的情况如下:

(1)与该企业发生日常往来的资金提供者、公用事业部门、政府部门和机构,以及因与该企业发生大量交易而存在经济依存关系的单个客户、供应商、特许商、经销商和代理商之间,不构成关联方关系。

(2)与该企业共同控制合营企业的合营者之间,通常不构成关联方关系。

(3)仅仅同受国家控制而不存在控制、共同控制或重大影响关系的企业,不构成关联方关系。

(4)受同一方重大影响的企业之间不构成关联方。

可见选项D不构成关联方关系,选项A、B、C正确。

三、综合题

1.【本题考点】投资性房地产的相关会计处理

【参考答案及解析】

(1)20×6年1月1日,甲公司购买公寓的会计分录为:

借:投资性房地产——成本　　　　　　　30000(3×10000)

　　贷:银行存款　　　　　　　　　　　　　　　30000

20×6年12月31日,甲公司出租公寓取得租金的会计分录为:

借:银行存款　　　　　　　　　　　　　750

　　贷:其他业务收入　　　　　　　　　　　　750

借:其他业务成本　　　　　　　　　　　150

　　贷:银行存款　　　　　　　　　　　　　　150

甲公司出售20%面积公寓时的会计分录为：

借：银行存款　　　　　　　　　　　　　　　　　6300
　　贷：其他业务收入　　　　　　　　　　　　　　6300
借：其他业务成本　　　　　　　　　　　　　　　6000
　　贷：投资性房地产——成本　　　　　　6000（30000×20%）

20×6年末该公寓公允价值为每平方米3.15万元，公允价值变动的会计分录为：

借：投资性房地产——公允价值变动　　1200[（3.15×10000-30000）×80%]
　　贷：公允价值变动损益　　　　　　　　　　　　1200

（2）由于甲公司对投资性房地产采用公允价值后续计量模式，故20×6年12月31日，该公寓的账面价值为3.15×10000×（1-20%）=25200（万元）

而根据税法规定，出租的投资性房地产按照50年，采用年限平均法计提折旧，故该公寓的计税基础为（30000-30000/50）×80%=23520（万元）

由于资产的账面价值大于计税基础，故形成的暂时性差异为应纳税暂时性差异，金额为25200-23520=1680（万元）。

（3）甲公司20×6年的当期所得税即应交所得税为

（应税收入－可予以税前扣除的成本费用）× 所得税税率
=（租金收入－出租成本费用+出售收入－出售成本－计提的折旧）×25%
=[750-150+6300-（30000-30000/50）×20%-30000/50]×25%
=（600+420-600）×25%
=420×25%
=105（万元）

故甲公司20×6年的当期所得税即应交所得税为105万元。

由于年末该投资性房地产存在着应纳税暂时性差异，故应确认的递延所得税负债1680×25%=420（万元）。

因此，甲公司20×6年应确认的所得税费用为105+420=525（万元）。

会计分录为：

借：所得税费用　　　　　　　　　　　　　　　　525
　　贷：应交税费——应交所得税　　　　　　　　　　105
　　　　递延所得税负债　　　　　　　　　　　　　　420

2.【本题考点】差错更正、无形资产研发支出的计量、附回购协议的销售处理、预计负债确认的条件、固定资产折旧年限变更的会计处理

【参考答案及解析】

(1) 资料(1)中甲公司的会计处理不正确。

理由：20×8年12月31日，相关技术的开发取得重大突破，管理层判断其未来能够带来远高于研发成本的经济利益流入，且甲公司有技术、财务和其他资源支持其最终完成该项目。但在此之前该项目的研发支出尚未资本化条件，处于费用化阶段。费用化阶段的研发支出应计入管理费用，甲公司不应对未满足资本化条件时已费用化的研发支出进行调整。

更正分录（单位：万元）：

借：管理费用　　　　　　　　　　　　　　　　　　　100
　　以前年度损益调整　　　　　　　　　　　　　　　500
　　贷：研发支出（资本化支出）　　　　　　　　　　600

(2) 资料(2)中甲公司的会计处理存在部分错误。

理由：20×7年7月1日，甲公司与乙公司签订的销售合同中附有回购协议，并且回购价不是回购日的公允价值，因此甲乙公司的该笔交易确实不应确认为商品销售，甲公司将其20×7年对该笔交易的会计处理作为会计差错予以更正是正确的，但甲公司对融资费用的处理却不正确，不应将融资费用全部计入20×8年度，而应该在融资期间即20×8年与20×7年之间进行分摊。

更正分录（单位：万元）：

借：以前年度损益调整　　　　　　　　　　　　　　　50
　　贷：财务费用　　　　　　　　　　　　　　　　　50（100×6/12）

(3) 资料(3)中甲公司的会计处理不正确。

理由：甲公司根据法律顾问的意见，按最可能发生的赔偿金额100万元确认了预计负债，可见甲公司20×7年预计负债的确认是基于20×7年财务报表编制时所做的最佳估计数确定的，在没有确凿证据表明甲公司20×7年的会计处理构成了会计差错的情况下，甲公司应将20×8年实际发生的金额与20×7年确认金额之间差额计入当期损益，而不应调整以前年度损益。

更正分录（单位：万元）：

借：营业外支出　　　　　　　　　　　　　　　　　　50（150-100）
　　贷：以前年度损益调整　　　　　　　　　　　　　50

（4）资料（4）中甲公司的会计处理不正确。

理由：资料（4）中的固定资产折旧年限的变更属于会计估计变更而非会计政策变更，甲公司不应对以前年度的折旧追溯调整。

折旧年限变更前，年折旧额为1200/12=100（万元），每半年的折旧额为50万元；

折旧年限变更后，按照剩余使用年限计算的年折旧额为（1200-1200×3/12）/6=150（万元），每半年的折旧额为75万元。

调整分录（单位：万元）：

借：累计折旧　　　　　　　　　　　　　　　　91.66
　　贷：以前年度损益调整　　　　　　　　　　83.33
　　　　管理费用　　　　　　　　　　　　　　8.33[133.33－（50+75）]

3.【本题考点】权益结算的股份支付、可转换债券、可供出售金融资产、稀释每股收益

【参考答案及解析】

（1）根据资料（1），甲公司授予其9名高管人员每人20万份甲公司股票认股权证，是以其自身的股票为结算工具，故属于以权益结算的股份支付，因而应该按照授予日权益工具的公允价值计入当期管理费用和资本公积（其他资本公积）。

授予日至可行权日的期间共计10个月，其中归属于20×8年的共9个月，故甲公司20×8年因该股份支付应该确认的成本费用金额为9×20×2×9/10=324（万元），相关会计分录为：

借：管理费用　　　　　　　　　　　　　　　　324
　　贷：资本公积——其他资本公积　　　　　　324

（2）可转换公司债券的发行，应当在初始确认时将其负债成份和权益成份进行分摊，将负债成份按照其公允价值确认应付债券，将权益成份按照其公允价值确认为资本公积，并按照负债部分的实际年利率确认利息费用。

20×8年7月1日，甲公司发行该可转化债券时，该可转换公司债券的负债成份的公允价值为：

100×100×5%×（P/A.8%，5）+100×100×（P/F.8%，5）=10000×5%×3.9927+10000×0.6806=8802.35（万元）。

权益成份的公允价值为10000－8802.35=1197.65（万元）

可转换债券发行日的相关会计分录为：

借：银行存款　　　　　　　　　　　　　　　　　　　　　10000
　　应付债券——可转换公司债券（利息调整）　　　　　　1197.65
　　贷：应付债券——可转换公司债券（面值）　　　　　　10000
　　　　资本公积——其他资本公积　　　　　　　　　　　1197.65

20×8年12月31日，实际利息费用为（10000−1197.65）×8%×6/12=352.09（万元）

20×8年12月31日可转换公司债券负债成份的账面价值为

（10000−1197.65）+352.09−10000×5%×6/12=8904.44（万元）

（3）20×8年9月10日，甲公司购入该可供出售金融资产时，应将手续费计入初始成本

借：可供出售金融资产——成本　　598（6×100+8−0.1×100）
　　应收股利　　　　　　　　　　　　　　　　　　　　10
　　贷：银行存款　　　　　　　　　　　　　608（600+8）

9月15日，实际收到现金股利时

借：银行存款　　　　　　　　　　　　　　　　　　　　10
　　贷：应收股利　　　　　　　　　　　　　　　　　　10

20×8年12月31日，发生公允价值变动金额为7.5×100−598=152（万元），相关分录为：

借：可供出售金融资产——公允价值变动　　　　　　　　152
　　贷：资本公积——其他资本公积　　　　　　　　　　152

（4）稀释每股收益是以基本每股收益为基础，假设企业所有发行在外的稀释性潜在普通股均已转换为普通股，从而分别调整归属于普通股股东的当期净利润以及发行在外普通股的加权平均数计算而得的每股收益。

潜在普通股是指赋予其持有者在报告期或以后期间享有的取得普通股权利的一种金融工具或其他合同。目前，我国企业发行的潜在普通股主要有可转换债券、认股权证、股份期权等。

稀释性潜在普通股，是指假设当期转换为普通股会减少每股收益的潜在普通股。对于亏损企业而言，稀释性潜在普通股假设当期转换为普通股，将会增加每股亏损的金额。计算稀释每股收益时，只考虑稀释性潜在普通股的影响，而不考虑不具有稀释性的潜在普通股。

假定甲公司授予其高管的认股权证在授予日即转为普通股，则导致股票数量增加 [9×20-（9×20×10）/12]×9/12=22.5（万股），导致净利润增加 0，因而增量股的每股收益为 0，因此该认股权证具有稀释性。

假定甲公司发行的可转换债券在发行日就被转为普通股，则导致甲公司普通股数量增加 100×5×6/12=250（万股），导致的净利润增加额为 352.09 万元（源于第（2）题中财务费用），增量股的每股收益为 352.09/250=1.41（元/股），因而该可转换债券具有稀释性。

综上，甲公司 20×8 年在计算稀释每股收益时应考虑认股权证和可转换债券这两个稀释性潜在普通股。

因为 20×8 年 1 月 31 日，甲公司临时股东大会批准以未分配利润转增股本 1000 万股，20×8 年实现归属于普通股股东的净利润为 5000 万元，故甲公司 20×8 年发行在外普通股加权平均数为 1000+1000=2000（万股）

因此，甲公司 20×8 年的基本每股收益为 5000/2000=2.5（元）

甲公司 20×8 年的稀释每股收益为（5000+352.09）/（2000+22.5+250）=2.36（元/股）

甲公司 20×7 年应列报的基本每股收益 =4000/（1000+1000）=2（元）

因为甲公司 20×7 年度不存在稀释性潜在普通股，因此稀释每股收益等于基本每股收益也为 2 元/股。

4.【本题考点】权益法核算的长期股权投资、合并财务报表抵销事项的会计处理

【参考答案及解析】

（1）甲公司 20×2 年 4 月 1 日对 A 公司 30% 股权投资成本为 10000 万元，并应对该项长期股权投资采用权益法进行核算。

理由：甲公司以定向发行本公司普通股 2000 万股为对价获取 A 公司 30% 股权，当日，甲公司发行股份的市场价格为 5 元/股，因而初始投资成本为 2000×5=10000（万元）。

甲公司于获取 A 公司 30% 股权的当日向 A 公司派出董事，参与 A 公司生产经营决策，因此甲公司能够对 A 公司的经营决策施加重大影响，应采用权益法进行核算。

会计分录（单位：万元）：

借：长期股权投资——投资成本　　　　　　　　　　　　　10000
　　贷：股本　　　　　　　　　　　　　　　　　　　　　　2000
　　　　资本公积——股本溢价　　　　　　　　　　　　　　8000
借：资本公积——股本溢价　　　　　　　　　　　　　　　　1000
　　贷：银行存款　　1000（支付中介机构佣金1000万元冲减股本溢价）

（2）甲公司应按照获取A公司30%之日A公司可辨认净资产公允价值持续计量的净利润享有相应的投资收益，故甲公司20×2年因持有A公司30%股权应确认的投资收益为：

[2400－（2000－800）/10]×9/12×30%=513（万元）

会计分录：

借：长期股权投资——（损益调整）　　　　　　　　　　　513
　　　　　　　　　——（其他综合收益）　　　　　　　　180
　　贷：投资收益　　　　　　　　　　　　　　　　　　　513
　　　　其他综合收益　　　　　　　　　　　　　180（600×30%）

（3）甲公司合并A公司的购买日为20×3年1月2日。

理由：20×3年1月2日，甲公司追加购入A公司30%股权并自当日起控制A公司。

企业合并成本应为甲公司原持有的A公司30%股权的公允价值加上新增投资的公允价值，等于12600+12600=25200（万元）

该合并中确认的商誉金额为合并成本减去购买日甲公司享有的A公司可辨认净资产公允价值份额，等于25200－36000×60%=3600（万元）。

甲公司个别财务报表中应确认的投资收益为新增投资的公允价值与账面价值之间的差额，即为12600－(6000－1000)=7600（万元）

甲公司合并财务报表中应确认的投资收益为原投资的公允价值与账面价值之间的差额加上新增投资的公允价值与账面价值之间的差额再加上计入原投资的其他综合收益12600+12600－(6000－1000)－(10000+513+180)+180=25200－5000－10693+180=9687（万元）

购买日甲公司个别财务报表中对A公司60%股权投资的账面价值为10000+513+180+12600=23293（万元）

购买日，甲公司合并A公司的抵消分录为：

借：股本 6667
　　资本公积 14000（4000+10000）
　　其他综合收益 2400
　　盈余公积 6000
　　未分配利润 6933
　　商誉 3600
　贷：长期股权投资 25200
　　　少数股东权益 14400（36000×80%）

（4）甲公司编制20×3年合并财务报表时，与A公司内部交易相关的抵消分录如下：

借：营业收入 1200
　贷：营业成本 800
　　　固定资产 400
借：固定资产（累计折旧） 20（400/10×6/12）
　贷：管理费用 20
借：应付账款 1200
　贷：应收账款 1200
借：应收账款（坏账准备） 24（1200×2%）
　贷：资产减值损失 24

（5）甲公司编制20×4年合并财务报表时，与A公司20×3年内部交易相关的抵销分录如下：

借：年初未分配利润 400
　贷：固定资产 400
借：固定资产（累计折旧） 20（400/10×6/12）
　贷：年初未分配利润 20
借：固定资产（累计折旧） 40（400/10）
　贷：管理费用 40
借：资产减值损失 24（1200×2%）
　贷：年初未分配利润 24

/ 123 /

2014年度注册会计师全国统一考试·会计考试真题（B卷）

一、单项选择题

1. 下列各项中，体现实质重于形式这一会计信息质量要求的是（   ）。

    A. 确认预计负债

    B. 融资租入固定资产视同自有资产核算

    C. 应收账款计提坏账准备

    D. 公布财务报表时提供可比信息

2. 下列各项中，属于会计政策变更的是（   ）。

    A. 固定资产净残值由20万元变更为5万元

    B. 生产设备的折旧方法变更

    C. 产品保修费用的计提比例变更

    D. 将发出存货的计价方法由移动加权平均法变更为个别计价法

3. 20×4年3月1日，甲公司向乙公司销售商品5000件，每件售价20元（不含增值税）。甲、乙公司均为增值税一般纳税人，适用的增值税税率为17%，甲公司向乙公司销售商品给予10%的商业折扣。提供的现金折扣条件为2/10、1/20、N/30，并代垫一部分运费，乙公司于20×4年3月15日付款，甲公司在该项交易中应确认的收入是（   ）。

    A. 90000元

    B. 101000元

    C. 99000元

    D. 10000元

4. 下列各项中，制造企业应当确认为无形资产的是（   ）。

    A. 自创的商誉

    B. 取得的土地使用权

    C. 企业合并产生的商誉

    D. 开发项目研究阶段发生的支出

5. 20×4年2月1日，甲公司以增发1000万股普通股和一台设备为对价，取得乙公司25%股权。普通股面值为每股1元，公允价值为每股10元。为发行股份支付佣金和手续费400万元。设备账面价值为1000万元，公允价值为1200万元，当日乙公司可辨认净资产公允价值40000万元。投资后甲公司能够对乙公司施加重大影响，不考虑其他因素，甲公司该项长期股权投资初始投资成本是（　　）。

　　A. 10000万元

　　B. 10400万元

　　C. 11600万元

　　D. 11200万元

6. 20×4年3月1日，甲公司无力偿还拖欠乙公司800万元款项，经双方协商同意，甲公司以自有的一栋办公楼和一批存货抵偿进行债务重组。办公楼原值700万元，已提折旧200万元，公允价值为600万元，存货账面价值90万元，公允价值120万元，不考虑税费其他因素，下列有关甲公司对该项债务重组的会计处理中，正确的是（　　）。

　　A. 确认债务重组收益80万元

　　B. 确认资产处置利得130万元

　　C. 确认商品销售收入90万元

　　D. 确认其他综合收益100万元

7. 下列交易事项中，不影响发生当期营业利润的是（　　）。

　　A. 投资银行理财产品取得收益

　　B. 因授予高管人员股票期权在当期确认的费用

　　C. 自国家取得的重大自然灾害补助款

　　D. 预计与当期产品销售相关的保修义务

8. 下列各项中，能够引起现金流量表净额发生变动的是（　　）。

　　A. 以存货抵偿债务

　　B. 以银行存款购买2个月内到期的债券投资

　　C. 以银行存款支付采购款

　　D. 将现金存为银行活期存款

9. 甲公司为某集团母公司，其与控股子公司（乙公司）会计处理存在差异的下列事项中，在编制合并报表时，应当作为会计政策变更的是（　　）。

A. 甲公司产品保证费用的计提比例为售价的2%，乙公司为售价的3%

B. 甲公司应收款项计提坏账准备的比例为期末余额的3%，乙公司为期末余额的5%

C. 甲公司折旧年限按不少于15年确定，乙公司按不少于20年

D. 甲公司对投资性房地产采用成本模式进行后续计量，乙公司采用公允价值模式

10. 甲公司20×3年财务报表于20×4年4月10日对外报出，假定其20×4年发生下列事项具有重要性，甲公司应当调整20×3年财务报表的是（　　）。

A. 5月2日，自20×3年9月即已经开始策划的企业合并交易获得股东大会批准

B. 4月10日，因某客户所在地发生自然灾害造成重大损失，导致甲公司20×3年资产负债表应收账款按照新的情况预计的坏账高于原预计金额

C. 4月15日，发现20×3年一项重要交易会计处理未充分考虑当时情况，导致虚增20×3年利润

D. 3月12日，某项于20×3年资产负债表日已存在的未决诉讼结案，实际支付的赔偿金额大于原已确认预计负债

11. 2013年，甲公司有A材料20吨，每吨10万元，用于加工商品B，能生产10件B商品，预计加工费110万元，每件B商品对外销售时预计销售费用0.5万元，甲公司已经签订不可撤销合同出售B商品给乙公司，每件售价30万元。2013年末A材料市场价每吨18万元，预计销售每吨A材料将会发生销售费用0.2万元，要求计算甲公司期末针对A材料应当计提的跌价准备（　　）万元。

A. 10　　　　　　　　　　　B. 15
C. 20　　　　　　　　　　　D. 25

12. 甲公司本期的会计利润210万元，本期有国债收入10万元，本期有环保部门罚款20万元，另外，已知因固定资产对应的递延所得税负债年初金额为20万元，年末金额为25万元，要求计算甲公司本期的所得税费用金额（　　）万元。

A. 50　　　　　　　　　　　B. 60
C. 55　　　　　　　　　　　D. 57.5

二、多项选择题

1. 甲公司以出包方式建造厂房。建造过程中发生的下列支出中，应计入所建造固定资产成本的有（　　）。

    A. 支出给第三方监理公司的监理费

    B. 季节性暂停建造期间外币专门借款的汇兑损益

    C. 取得土地使用权的土地出让金

    D. 建造期间联合试车费用

2. 下列关于等待期的股份支付会计处理的表述中，正确的有（　　）。

    A. 以权益结算的股份支付，相关权益性工具的公允价值在授予日后不再调整

    B. 业绩条件为非市场条件的股份支付，等待期内应根据后续信息调整可行权情况下的估计

    C. 附市场条件的股份支付，应在市场及非市场条件均满足时确认相关成本费用

    D. 现金结算的股份支付在授予日不作会计处理，权益结算的股份支付应予处理

3. 下列选项中，至少应于每年年末进行减值测试的有（　　）。

    A. 长期股权投资

    B. 尚未开发完成的无形资产

    C. 使用寿命不确定的专利技术

    D. 非同一控制下企业合并产生的商誉

4. 下列交易事项中，能够引起资产和所有者权益同时发生增减变动的有（　　）。

    A. 分配股票股利

    B. 以银行存款支付材料采购价款

    C. 接受现金捐赠

    D. 固定资产盘盈

5. 下列交易事项中，会影响企业当期营业利润的有（　　）。

A. 无形资产租金收入

B. 无形资产计提的减值

C. 无形资产处置收益

D. 管理用无形资产的摊销

6. 不考虑其他因素，下列单位和个人属于甲公司关联方的有（　　）。

A. 甲公司的联营企业

B. 持有甲公司 5% 股权且向甲公司派出一名董事的股东

C. 甲公司控股股东的财务总监

D. 与甲公司共同控制某合营企业的另一合营方

7. 下列关于承租人与融资租赁有关的会计处理的表述中，正确的有（　　）。

A. 或有租金应于发生时计入当期损益

B. 知悉出租人的租赁内含利率时，应以租赁内含利率为折现率

C. 履约成本应计入租入资产成本

D. 支付的优惠购买选择权价款应冲减相关负债

8. 外币财务报表进行折算时，应当采用期末资产负债表日即期汇率进行折算的有（　　）。

A. 盈余公积　　　　　　　　B. 交易性金融资产

C. 未分配利润　　　　　　　D. 长期股权投资

9. 下列各项资产计提减值后，持有期间内在原计提减值损失范围内可通过损益转回的有（　　）。

A. 存货跌价准备　　　　　　B. 可供出售债务工具

C. 应收账款坏账准备　　　　D. 持有至到期投资减值准备

10. 属于经营活动现金流量的有（　　）。

A. 收到的活期存款利息

B. 发行债券过程中支付的交易费用

C. 当期缴纳的企业所得税

D. 支付的基于股份支付方案给予高管人员的现金增值额

三、综合题

1. 甲公司为房地产开发企业，采用公允价值模式计量投资性房地产。

（1）20×6年1月1日，甲公司以20000万元购买一栋公寓，其总面积为1万平方米，每平方米的价款为2万元，该公寓的使用年限是50年，预计净残值为0。甲公司计划将该公寓对外出租。

（2）20×6年，甲公司租金收入总额500万元，发生费用支出（不含折旧）100万元。后来，甲公司出售了部分公寓，出售部分面积占20%，取得收入4200万元。于20×6年12月31日办理了过户手续。年末该公寓公允价值为每平方米2.1万元。

其他资料：

甲公司所发生的收入、支出均以银行存款结算。

根据税法规定，出租的投资性房地产按照50年，采用年限平均法计提折旧，甲公司所得税税率为25%。100万元的支出计入应纳税所得额，税法从购买日开始计提折旧，公允价值变动不计入应纳税所得额。

不考虑所得税以外的其他税费；

要求：

（1）编制甲公司20×6年1月1日、12月31日与投资性房地产购买、公允价值变动，出租、出售相关的会计分录。

（2）计算该公寓20×6年12月31日的账面价值、计税基础以及暂时性差异。

（3）计算甲公司20×6年当期所得税，并编制与确认所得税费用相关的会计分录。

2. 甲公司为建造一条生产线，发行面值为 3000 万元，票面利率为 5% 的 3 年期分期付息债券，募集价款为 3069.75 万元，发行费用为 150 万元，收到价款净额为 2919.75 万元。

甲公司还有两笔一般借款：

第一笔一般借款为 20×1 年 10 月 1 日取得，本金为 2000 万元，年利率为 6%，期限为 2 年；第二笔一般借款为 20×1 年 12 月 1 日取得，本金为 3000 万元，年利率为 7%，期限为 18 个月。

工程采用出包方式，发生的支出如下：

20×2 年 1 月 2 日支出 1000 万元。

20×2 年 5 月 1 日支出 1600 万元。

20×2 年 8 月 1 日支出 1400 万元。

20×2 年 9 月 1 日，由于发生安全事故发生人员伤亡，工程停工。

20×3 年 1 月 1 日，工程再次开工，并于当日发生支出 1200 万元。

20×3 年 3 月 31 日，工程验收合格，试生产后能够生产。

20×3 年 3 月 31 日之后，为了使该工程能更好的使用，发生职工培训费 120 万元。

专门借款未动用部分用于短期投资，月收益率 0.5%。

其他资料：

（P/A，6%，3）=2.6730；（P/F，6%，3）=0.8396。

要求：

（1）判断该在建工程的资本化期间并说明理由。

（2）计算发行债券的实际利率，并编制发行债券的会计分录。

（3）计算 20×2 年专门借款及一般借款应予资本化的金额，编制与在建工程相关的会计分录。

（4）计算 20×3 年专门借款及一般借款应予资本化的金额，编制与在建工程相关的会计分录以及结转固定资产的会计分录。

3. 甲公司注册会计师在对其 20×3 年的财务报表进行审计时，就以下事项的会计处理与甲公司管理层进行沟通：

（1）20×3 年 12 月，甲公司收到财政部门拨款 2000 万元，是对甲公司价格补偿。甲公司 A 商品售价为 5 万元/台，成本为 2.5 万元/台，执行国家限价政策后售价为 3 万元/台，国家财政给予 2 万元/台补贴。20×3 年甲公司共销售 A 商品 1000 件，甲公司会计处理如下：

　　借：应收账款　　　　　　　　　　　　　　　　3000
　　　　贷：主营业务收入　　　　　　　　　　　　　　　3000
　　借：主营业务成本　　　　　　　　　　　　　　2500
　　　　贷：库存商品　　　　　　　　　　　　　　　　　2500
　　借：银行存款　　　　　　　　　　　　　　　　2000
　　　　贷：营业外收入　　　　　　　　　　　　　　　　2000

（2）20×3 年，甲公司与中间商签订合同分两类。第一类：甲公司按照中间商要求发货，中间商按照甲公司确定的售价 3000 元/件出售，双方按照实际销售数量结算，未出售商品由甲公司收回，中间商收取提成费 200 元/件，该类合同下，甲公司 20×3 年共发货 1000 件，中间商实际售出 800 件。第二类：甲公司按照中间商要求的时间和数量发货，甲公司出售给中间商的价格为 2850 元/件，中间商对外出售的价格自行确定。未出售的商品由中间商自行处理，该类合同下，甲公司20×3年共向中间商发货2000件。甲公司向中间商发出商品均符合合同约定。成本为2400元/件。

甲公司对上述事项的会计处理如下：

借：应收账款　　　　　　　　　　　　　　　　　　　870
　　贷：主营业务收入　　　　　　　　　　　　　　　　　870
借：主营业务成本　　　　　　　　　　　　　　　　　720
　　贷：库存商品　　　　　　　　　　　　　　　　　　　720
借：销售费用　　　　　　　　　　　　　　　　　　　20
　　贷：应付账款　　　　　　　　　　　　　　　　　　　20

（3）20×3年6月，甲公司董事会决议将公司生产的一批C商品作为职工福利发放给部分员工。成本3000元/件，售价为4000元/件。职工包括：高管200人，研发项目相关人员50人，每人发放1件C商品。研发项目正进行至后期开发阶段，甲公司预计能够形成无形资产。至20×3年12月31日，该研发项目仍在进行中。甲公司进行的会计处理如下：

借：管理费用　　　　　　　　　　　　　　　　　　　75
　　贷：库存商品　　　　　　　　　　　　　　　　　　　75

（4）20×3年7月，甲公司一未决诉讼案。法院判定甲公司承担损失赔偿责任3000万元。该诉讼事项源于20×2年9月一竞争对手提起的对甲公司的起诉。编制20×2年财务报表期间，甲公司曾在法院的调节下，甲公司需向对方赔偿1000万元，甲公司据此在20×2年确认预计负债1000万元。20×3年，原告方控股股东变更，不再承认原初步和解相关事项，向法院请求继续原法律程序。因实际结案时需赔偿金额与按确认预计负债的金额差别较大，甲公司与20×3年进行了以下会计处理：

借：以前年度损益调整　　　　　　　　　　　　　　2000
　　贷：预计负债　　　　　　　　　　　　　　　　　　　2000
借：盈余公积　　　　　　　　　　　　　　　　　　　200
　　利润分配——未分配利润　　　　　　　　　　　　1800
　　贷：以前年度损益调整　　　　　　　　　　　　　　　2000

（5）甲公司于20×2年取得200万股乙公司股票，成本6元/股，作为可供出售金融资产，20×2年年末，乙公司每股5元。至20×3年12月31日，下跌至 2.5 元/股。20×4 年 1 月，乙公司股价有所上涨。甲公司会计政策规定：作为可供出售金融资产的股票投资，股价连续下跌 1 年成本价至成本的 50%（含 50%）以下时，应当计提减值准备。考虑 20×4 年 1 月乙公司股价有所上涨，甲公司在其 20×3 年财务报表中对该事项进行了以下会计处理：

借：资本公积——其他资本公积（其他综合收益）　　　　500
　　贷：可供出售金融资产　　　　　　　　　　　　　　　500

其他资料：
假定题目中有关事项均具有重要性，不考虑相关税费及其他因素。
按照净利润的 10% 提取法定盈余公积。

要求：
判断甲公司对事项（1）至事项（5）的会计处理是否正确，并说明理由。不正确的，编制更正分录。

4. 甲公司为生产加工企业,其在20×6年发生了以下与股权投资相关的交易:

(1) 甲公司以前年度取得乙公司30%的股权,采用权益法核算。20×6年1月1日,甲公司自A公司(非关联方)购买了乙公司60%股权并取得控制权,购买价款为3000万元,发生与合并直接费用100万元。20×6年1月1日,甲公司持有乙公司30%长期股权投资的账面价值为600万元(长期股权投资账面价值调整全部为乙公司实现利润);当日乙公司可辨认净资产账面价值2000万元,可辨认净资产公允价值3000万元,乙公司100%股权的公允价值为5000万元,30%股权的公允价值为1500万元,60%股权的公允价值为3000万元。

(2) 20×6年6月20日,乙公司提取盈余公积10万元,分配现金股利90万元,以未分配利润200万元转增股本。

(3) 20×6年1月1日,甲公司与B公司出资设立丙公司。丙公司的注册资本是2000万元,其中甲公司占50%。甲公司以公允价值为1000万元的土地使用权出资,B公司以公允价值500万元的机器设备和500万元现金出资。该土地使用权系甲公司于10年前取得,原值为500万元,期限为50年,按直线法摊销,预计净残值为0。至投资设立时账面价值为400万元,后续仍可使用40年。丙公司20×6年实现净利润220万元。

(4) 20×6年1月1日,甲公司自C公司购买丁公司40%的股权,并派人参与丁公司生产经营决策,购买价款为4000万元。购买日,丁公司净资产账面价值为5000万元,可辨认净资产公允价值为8000万元,3000万元为一栋办公楼的差额。办公楼原值2000万元,预计净残值为0,预计使用寿命40年,采用年限平均法折旧。自甲公司取得丁公司股权之日起剩余年限20年。

20×6年丁公司实现净利润900万元,实现其他综合收益200万元。

不考虑所得税等相关因素影响。

要求:

(1) 根据资料(1),计算甲公司进一步取得乙公司60%股权后,个别财务报表中对乙公司长期股权投资的账面价值,并编制相关会计分录;计算甲公司合并财务报表中与乙公司投资的商誉金额,计算该交易对甲公司合并财务报表损益的影响。

(2) 根据资料(2),针对乙公司20×6年利润分配方案,说明甲公司个别财务报表中相关会计处理,并编制相关会计分录。

（3）根据资料（3），编制甲公司对丙公司出资及确认20×6年投资收益相关的分录。

（4）根据资料（4），计算甲公司对丁公司的初始投资成本，并编制相关会计分录。计算甲公司20×6年因持有丁公司股权应确认的投资收益金额，并编制调整长期股权投资账面价值相关的会计分录。

2014年度注册会计师全国统一考试·会计考试真题（B卷）参考答案深度全面解析与应试重点

一、单项选择题

1.【参考答案】B

【本题考点】会计信息质量要求——实质重于形式

【解析】确认预计负债、对应收账款计提坏账准备都体现谨慎性原则，A和C错误；融资租入固定资产视同自有资产核算，符合会计信息质量要求的实质重于形式原则，故选项B正确；公布财务报表时提供可比信息体现的是可比性原则，故选项D错误。

2.【参考答案】D

【本题考点】会计政策变更与会计估计变更的划分

【解析】会计政策是指企业在会计确认、计量和报告中所采用的原则、基础和会计处理方法；会计估计是指企业对结果不确定的交易或者事项以最近可利用的信息为基础所做的判断。

会计估计变更是指由于对相同的交易或者事项的当前状况及预期经济利益和义务发生了变化，从而对资产和负债的账面价值或者资产的定期消耗金额进行调整。企业应当以变更事项的会计确认、计量基础和列报项目是否发生变更作为判断该变更是会计政策变更还是会计估计变更的划分基础。

固定资产净残值的调整、生产设备折旧年限的改变以及产品保修费用的计提都属于会计估计变更；发出存货的计价方法的改变属于会计政策变更，故选项D正确。

3.【参考答案】A

【本题考点】销售商品收入中商业折扣和现金折扣的会计处理

【解析】本题中商品销售应确认的收入为不含税的售价扣除商业折扣后的金额，现金折扣的金额应在实际发生时计入当期财务费用。故甲公司在该项交易中应确认的收入为 5000×20×（1−10%）=90000（元）。

商业折扣是指企业为促进商品销售而在商品标价上给予的价格扣除。企业销售商品涉及商业折扣的，应当按照扣除商业折扣后的金额确认商品的销售收入。

现金折扣是指企业为鼓励客户在规定的期限内尽早付款而向客户提供的一种债务减免。企业销售商品涉及现金折扣的，应当按照扣除现金折扣前的金额确定销售商品收入金额，现金折扣实际发生时计入当期财务费用。

4.【参考答案】B

【本题考点】无形资产的定义与特征

【解析】无形资产是指企业拥有或者控制的没有实物形态的可辨认非货币性资产。通常包括：专利权、非专利技术、商标权、著作权、特许经营权、土地使用权等。

无形资产具有如下特征：

1) 由企业拥有或控制并能为企业带来经济利益；

2) 属于非货币性资产；

3) 具有可辨认性；

4) 不具有实物形态。

自创的商誉、企业合并产生的商誉时企业整体的，不具有单独可辨认性，不属于无形资产，故选项A、C错误；开发项目研究阶段发生的支出尚未进入资本化阶段，不应确认为无形资产，故选项D错误。

5.【参考答案】D

【本题考点】不形成控股合并的长期股权投资的初始计量

【解析】甲公司取得乙公司25%的股权，不形成控股合并，应采用权益法核算该长期股权投资。甲公司该项长期股权投资的初始投资成本=1000×10+1200=11200（万元），即增发股票的公允价值和作为对价的设备的公允价值之和。交易日甲公司应享有被投资单位乙公司的可辨认净资产公允价值的份额为40000×25%=10000（万元），小于甲公司付出的对价11200万元，故不对投资成本进行调整，因而答案D正确。

6.【参考答案】A

【本题考点】以资产清偿债务的债务重组的会计处理

【解析】债务人无法偿还债务，以其固定资产和存货抵偿债务时，应视同将该固定资产转让、将存货视同销售进行处理，将固定资产公允价值与账面价值和清理费用之和之间的差额计入资产处置利得，确认存货的销售收入和销售成本，同时确认债务重组收益。

本题中应确认债务重组收益为800-（600+120）=80（万元），选项A正确；确认资产处置利得为600-（700-200）=100（万元），选项B错误；确认商品销售收入120万元，选项C错误；该债务重组事项不涉及其他综合收益的确认，故选项D错误。

7. 【参考答案】C

【本题考点】利润表中营业利润项目的内容

【解析】营业利润 = 营业收入—营业成本—营业税金及附加—销售费用—管理费用—财务费用—资产减值损失 + 公允价值变动收益 + 投资收益；投资银行理财产品取得的收益，应计入投资收益，影响营业利润；授予高管人员股票期权在当期确认的费用计入管理费用，影响营业利润；自国家取得的重大自然灾害补助款属于政府补助，计入营业外收入，不影响当期营业利润；预计与当期产品销售相关的保修义务应计入销售费用，影响营业利润。故此题应选C。

8. 【参考答案】C

【本题考点】现金及现金等价物的确认

【解析】以存货抵偿债务，不涉及现金流量变动，故选项A错误；2个月内到期的债券投资属于现金等价物，因而以银行存款换取现金等价物属于现金之间的转换，不涉及现金流量净额的变动，故选项B错误；以银行存款支付采购款使得现金流量减少，能够引起现金流量表净额发生变动，故选项C正确；将现金存为银行活期存款属于现金之间的转换，不涉及现金流量净额的变动，故选项D错误。

9. 【参考答案】D

【本题考点】会计政策变更与会计估计变更的划分

【解析】会计政策是指企业在会计确认、计量和报告中所采用的原则、基础和会计处理方法；会计估计是指企业对结果不确定的交易或者事项以最近可利用的信息为基础所做的判断。

会计估计变更是指由于对相同的交易或者事项的当前状况及预期经济利益和义务发生了变化，从而对资产和负债的账面价值或者资产的定期消耗金额进行调整。企业应当以变更事项的会计确认、计量基础和列报项目是否发生变更作为判断该变更是会计政策变更还是会计估计变更的划分基础。

产品保证费用的计提比例变更、应收款项计提坏账准备的比例变更、固定资产折旧年限的变更都属于会计估计变更，投资性房地产后续计量模式的变更属于会计政策的变更，故选项D正确。

10.【参考答案】D

【本题考点】资产负债表日后事项涵盖的期间及日后调整事项和非调整事项的区分

【解析】资产负债表日后事项是指资产负债表日至财务报告批准报出日之间发生的有利或不利事项。资产负债表日后事项涵盖的期间为资产负债表日至财务报告批准报出日之间的一段时间。资产负债表日后调整事项是指，资产负债表日发生的对报告年度已经存在的事项提供新的或进一步的结果和证据的事项。而资产负债表日后非调整事项，指的是资产负债表日后新发生的，不对报告年度事项结果产生影响的事项。

选项A和C不属于日后事项期间发生的交易或事项；选项B，自然灾害导致的重大损失，属于非调整事项；选项D，资产负债表日后期间发生的诉讼案件结案，对20×3年财务报表数据将会产生影响，属于日后调整事项，应对20×3年财务报表进行调整，故选项D正确。

11.【参考答案】B

【本题考点】原材料跌价准备的计提

【解析】存货跌价准备的计提原则为成本与可变现净值孰低，判断原材料是否发生减值首先要判断由该原材料生产的产品是否发生了减值。

期末时，B商品的成本为20×10+110=310（万元），B商品的可变现净值为30×10-0.5×10=295（万元），可见，B商品的成本大于可变现净值，即B商品发生了减值，从而说明A材料发生了减值；A材料的成本为20×10=200（万元），A材料的可变现净值为295-110=185（万元），A材料应计提减值准备200-185=15（万元），选项B正确。

12.【参考答案】C

【本题考点】所得税费用的计算

【解析】所得税费用＝当期所得税＋递延所得税

其中，递延所得税＝（递延所得税负债的期末余额—递延所得税负债的期初余额）—（递延所得税资产的期末余额—递延所得税资产的期初余额）

因国债收入免税，环保部门罚款不能税前扣除，故当期应交所得税为[210-10+20-5/25%]×25%=50（万元），递延所得税负债的当期发生额为25-5=5（万元），所得税费用为50+5=55（万元）。

二、多项选择题

1.【参考答案】A、B、D

【本题考点】建造固定资产初始成本的计量

【解析】以出包方式建造的固定资产，其成本由该固定资产达到预定可使用状态前所发生的必要支出构成，包括发生的建筑工程支出、安装工程支出以及需要分摊至各个固定资产的待摊支出。人工费、材料费、机器使用费等建筑工程、安装工程支出由建筑承包商核算。

待摊支出是指固定资产建造期间发生的，不能直接计入特定某一项固定资产价值，应该由所建造的固定资产共同负担的相关费用，包括为建造工程发生的管理费、可行性研究费、临时设施费、公证费、监理费、应负担的税金、符合资本化条件的借款费用、建设期间发生的工程物资盘亏、报废及毁损净损失以及负荷联合试车费等。故选项A、B、D正确；为取得土地使用权而缴纳的土地出让金应当确认为无形资产，故选项D错误。

2.【参考答案】A、B

【本题考点】股份支付的确认和计量原则

【解析】以权益结算的股份支付，相关权益性工具的公允价值在授予日后不再调整，故选项A正确；业绩条件为非市场条件的股份支付，等待期内应根据后续信息调整可行权情况下的估计，故选项B正确；附市场条件的股份支付，只要满足非市场条件，企业就应当确认相关成本费用，故选项C错误；除立即可行权的股份支付外，现金结算的股份支付以及权益结算的股份支付在授予日均不做处理，故选项D错误。

3.【参考答案】B、C、D

【本题考点】资产减值的迹象与测试

【解析】对于尚未达到预定可使用状态的无形资产，由于其价值具有较大的不确定性，应当于每年进行减值测试，选项B正确；使用寿命不确定的无形资产以及因企业合并而产生的商誉，无论是否存在减值迹象，都应当至少于每年年度终了时对其进行减值测试，故选项C、D正确。

4.【参考答案】C、D

【本题考点】资产和所有者权益的定义及确认

【解析】分配股票股利属于所有者权益内部结转，故选项A错误；以银行存款支付材料采购价款属于资产内部增减变动，故选项B错误；接受现金捐赠、固定资产盘盈会同时增加企业的资产和所有者权益，故选项C、D正确。

5.【参考答案】A、B、D

【本题考点】利润表中营业利润的内容

【解析】营业利润＝营业收入—营业成本—营业税金及附加—销售费用—管理费用—财务费用—资产减值损失＋公允价值变动收益＋投资收益；无形资产租金收入影响营业收入，无形资产计提的减值影响资产减值损失，管理用无形资产的摊销影响管理费用，故A、B、D正确；出售无形资产取得的处置收益计入营业外收入，不影响营业利润，故选项C错误。

6.【参考答案】A、B、C

【本题考点】关联方关系的判定

【解析】一方控制、共同控制另一方或对另一方施加重大影响，以及两方或两方以上同受一方控制、共同控制的，构成关联方。

常见的不构成关联方的情况如下：

（1）与该企业发生日常往来的资金提供者、公用事业部门、政府部门和机构，以及因与该企业发生大量交易而存在经济依存关系的单个客户、供应商、特许商、经销商和代理商之间，不构成关联方关系。

（2）与该企业共同控制合营企业的合营者之间，通常不构成关联方关系。

（3）仅仅同受国家控制而不存在控制、共同控制或重大影响关系的企业，不构成关联方关系。

（4）受同一方重大影响的企业之间不构成关联方。

可见选项D不构成关联方关系，选项A、B、C正确。

7.【参考答案】A、B、D

【本题考点】融资租赁业务中承租人的会计处理

【解析】融资租赁业务中，或有租金的金额具有不确定性，无法采用系统合理的方法对其进行分摊，因此应在或有租金实际发生时计入当期损益，故选项A正确；融资租赁业务中，承租人在计算最低租赁付款额的现值时，如果知悉出租人的租赁内含利率，则应当采用出租人的租赁内含利率作为折现率，故选项B正确；融资租赁业务中承租人发生的履约成本一般应计入当期损益，而非租入资产的成本，故选项C错误；融资租赁业务中如果存在优惠购买权，在租赁期届满时，未确认融资费用已经全部摊销，负债应当减少为优惠购买金额，故选项D正确。

8.【参考答案】B、D

【本题考点】外币报表折算的会计处理

【解析】所有者权益项目除"未分配利润"项目外，其他项目采用发生时的即期汇率折算，当期提取的盈余公积采用当期的平均汇率折算，期初盈余公积为以前年度计提的盈余公积按相应年度平均汇率折算后金额的累积；资产负债表中的资产负债项目，采用资产负债表日的即期汇率折算，故选项B、D正确。

9.【参考答案】A、B、C、D

【本题考点】资产减值损失的转回

【解析】存货跌价准备符合转回的条件时，应该在原已计提的范围金额内转回，故选项A正确。已经确认减值损失的可供出售债务性工具，如果在减值后的会计期间内其公允价值得以回升并且客观条件表明公允价值的回升与计提原来减值后发生的事项有关的，则应将原减值损失予以转回，计入当期损益，故选项B正确。应收账款和持有至到期投资均属于以摊余成本计量的金融资产。以摊余成本计量的金融资产发生减值损失后，如果有客观证据表明该金融资产的价值得到了回升，且

/ 142 /

客观条件表明公允价值的回升与计提原来减值后发生的事项有关的,则应将原减值损失予以转回,计入当期损益,故选项C、D正确。

10.【参考答案】A、C、D

【本题考点】现金流量表经营活动、投资活动、筹资活动的区分

【解析】经营活动是指企业投资活动和筹资活动以外的交易和事项。对于工商企业来说,经营活动主要包括销售商品与提供劳务、购买商品与接受劳务、支付相关税费等。

收到的活期存款利息应在"收到的其他与经营活动有关的现金"项目反映,故选项A正确;发行债券过程中支付的交易费用属于筹资活动产生的现金流量,故选项B错误;当期缴纳的企业所得税应在"支付的各项税费"项目反映,故选项C正确;支付的基于股份支付方案给予高管人员的现金增值额属于经营活动产生的现金流量,故选项D正确。

三、综合题

1.【本题考点】投资性房地产的相关会计处理

【参考答案及解析】

(1) 20×6年1月1日,甲公司购买公寓的会计分录为:

借:投资性房地产——成本　　　　　　　　　　20000(2×10000)
　　贷:银行存款　　　　　　　　　　　　　　　　　　20000

20×6年12月31日,甲公司出租公寓取得租金的会计分录为:

借:银行存款　　　　　　　　　　　　　　　　500
　　贷:其他业务收入　　　　　　　　　　　　　　　　500

借:其他业务成本　　　　　　　　　　　　　　100
　　贷:银行存款　　　　　　　　　　　　　　　　　　100

甲公司出售20%面积公寓时的会计分录为:

借:银行存款　　　　　　　　　　　　　　　　4200
　　贷:其他业务收入　　　　　　　　　　　　　　　　4200

借：其他业务成本　　　　　　　　　　　　　　　　　4000
　　贷：投资性房地产——成本　　　　　　　　4000（20000×20%）

20×6年末该公寓公允价值为每平方米2.1万元，公允价值变动的会计分录为：

借：投资性房地产——公允价值变动　　800[（2.1×10000-20000）×80%]
　　贷：公允价值变动损益　　　　　　　　　　　　　　　　　　800

（2）由于甲公司对投资性房地产采用公允价值后续计量模式，故20×6年12月31日，该公寓的账面价值为2.1×10000×（1-20%）=16800（万元）

而根据税法规定，出租的投资性房地产按照50年，采用年限平均法计提折旧，故该公寓的计税基础为（20000-20000/50）×80%=15680（万元）

由于资产的账面价值大于计税基础，故形成的暂时性差异为应纳税暂时性差异，金额为16800-15680=1120（万元）

（3）甲公司20×6年的当期所得税即应交所得税为

（应税收入-可予以税前扣除的成本费用）×所得税税率

=（租金收入-出租成本费用+出售收入-出售成本-计提的折旧）×25%

=[500-100+4200-（20000-20000/50）×20%-20000/50]×25%

=（400+280-400）×25%

=280×25%

=70（万元）

由于年末该投资性房地产存在着应纳税暂时性差异，故应确认的递延所得税负债1120×25%=280（万元）

因此，甲公司20×6年应确认的所得税费用为70+280=350（万元）

会计分录为：

借：所得税费用　　　　　　　　　　　　　　　　　　350
　　贷：应交税费——应交所得税　　　　　　　　　　　　70
　　　　递延所得税负债　　　　　　　　　　　　　　　 280

2.【本题考点】专门借款和一般借款的借款费用的计量和确认、应付债券实际利率的确定

【参考答案及解析】

（1）甲公司生产线建造工程借款费用的资本化期间为：20×2年1月2日至

20×2年9月1日以及20×3年1月1日至20×3年3月31日。

理由：因为自20×2年1月2日发生了资产支出，同时借款费用已经发生，为使资产达到预定可使用状态所必要的购建活动已经开始，所以20×2年1月2日为借款费用开始资本化的时点。由非正常原因导致建造工程中断，并且中断时间超过三个月时，暂停期间应暂停专门借款费用的资本化，20×2年9月1日至20×2年12月31日，由于非正常原因导致工程中断连续超过3个月，因此该期间应暂停借款费用的资本化。

（2）假设甲公司发行债券的实际利率为i，则债券发行的筹资净额2919.75万元应等于债券偿付期间的现金流出3000×5%×（P/A，i，3）+3000×（P/F，i，3），即：

3000×5%×（P/A，i，3）+3000×（P/F，i，3）=2919.75

由插值法计算得出实际利率i=6%。

会计分录为：

借：银行存款　　　　　　　　　　　　　　　　　2919.75
　　应付债券——利息调整　　　　　　　　　　　　80.25
　　贷：应付债券——面值　　　　　　　　　　　　　　3000

（3）1）专门借款利息费用资本化金额

甲公司发行的应付债券在20×2年的利息费用为：2919.75×6%=175.19（万元）

甲公司将闲置的融资净额进行短期投资取得的收益为：

（2919.75−1000）×0.5%×4+（2919.75−1000−1600）×0.5%×3=43.19（万元）

故甲公司20×2年专门借款利息费用资本化金额为：175.19×8/12−43.19=73.60（万元）。

2）一般借款利息费用资本化金额

甲公司20×2年一般借款平均资本化率为：（2000×6%+3000×7%）/（2000+3000）=6.6%

截止到20×2年8月1日，甲公司累积发生建造支出1000+1600+1400=4000（万元），其中1月1日和5月1日发生的这两笔支出均使用的是专门借款，8月1日发生的支出中占用的一般借款为4000−2919.75=1080.25（万元）

故甲公司20×2年一般借款利息资本化金额为1080.25×6.6%×1/12=5.94（万元）

3）生产线建造工程的会计分录为：

借：在建工程　　　　　　　　　　　　　　　　　4000
　　贷：银行存款　　　　　　　　　　　　　　　　　4000

20×2年一般借款利息费用总额=2000×6%+3000×7%=330（万元）

借：财务费用　　　　　　　　　　　　　　　　　382.45
　　在建工程　　　　　　　　　　　　　79.54（73.60+5.94）
　　应收利息　　　　　　　　　　　　　　　　　　43.2
　　贷：应付利息　　　　　　　　　　　480（3000×5%+330）
　　　　应付债券——利息调整　　　　　　　　　　　25.19

（4）

1）专门借款利息费用资本化金额

20×3年专门借款利息费用资本化金额=（2919.75+25.19）×6%×3/12=44.17（万元）。

2）一般借款利息费用资本化金额

甲公司一般借款平均资本化率为：（2000×6%+3000×7%）/（2000+3000）=6.6%

甲公司20×3年第一季度一般借款的累计支出为加权平均数为：

（1000+1600+1400-2919.75+1200）×3/12=570.06（万元）

故甲公司20×3年一般借款利息费用资本化金额为570.06×6.6%=37.62（万元）

甲公司20×3年借款利息费用资本化金额为44.17+37.62=81.79（万元）

3）相关会计分录：

20×3年专门借款利息费用总额=（2919.75+25.19）×6%=176.70（万元）

20×3年利息调整的摊销金额=176.70-3000×5%=26.70（万元）

20×3年一般借款利息费用总额=2000×6%×9/12+3000×7%×5/12=177.5（万元）

相关分录为：

借：在建工程　　　　　　　　　　　　81.79（44.17+37.62）
　　财务费用　　　　　　　　　　　　　　　　　272.41
　　贷：应付利息　　　　　　　　　　327.5（3000×5%+177.5）

应付债券——利息调整　　　　　　　　　　　　　　　　　　　26.70

　　该固定资产的建造，累计发生的支出总额为1000+1600+1400+79.54+1200+81.79=5361.33（万元）

　　在建工程的结转分录为：

　　借：固定资产　　　　　　　　　　　　　　　　　　　　　　5361.33

　　　　贷：在建工程　　　　　　　　　　　　　　　　　　　　　　5361.33

　　3.【本题考点】差错更正、政府补助、销售商品收入、或有事项、可供出售金融资产减值

　　【参考答案及解析】

　　（1）甲公司对事项（1）的会计处理不正确。

　　理由：甲公司收到的财政部门2000万元拨款，是对甲公司的价格补偿，不是政府无偿拨付给甲公司的，该项交易具有商业实质，且与企业销售商品日常活动密切相关，应按照收入原则进行会计处理。

　　更正分录：

　　借：营业外收入　　　　　　　　　　　　　　　　　　　　　　2000

　　　　贷：主营业务收入　　　　　　　　　　　　　　　　　　　　2000

　　（2）甲公司对事项（2）的会计处理不正确。

　　理由：第一类商品销售合同在本质上属于采取收取手续费方式的委托代销合同，受托方尚未对外实际销售前，委托方只能将该商品作为发出商品核算，此时商品的风险和报酬尚未实际转移，不应确认收入，也不应确认与未销售商品相关的手续费，只有收到代销清单时才能确认收入。

　　本题中，甲公司应当确认的营业收入为3000×800+2850×2000=810（万元），应当确认的营业成本为（800+2000）×2400=672（万元），应确认销售费用为800×200=16（万元）。

　　更正分录如下：

　　借：主营业务收入　　　　　　　　　　　　　　　　60（200×0.3）

　　　　贷：应收账款　　　　　　　　　　　　　　　　　　　　　　60

　　借：发出商品　　　　　　　　　　　　　　　　　　48（200×0.24）

　　　　贷：主营业务成本　　　　　　　　　　　　　　　　　　　　48

借：应付账款　　　　　　　　　　　　　　　　　　　　4（200×0.02）
　　贷：销售费用　　　　　　　　　　　　　　　　　　　　　　　4

（3）甲公司对事项（3）的会计处理不正确。

理由：甲公司将自产的产品发放给其职工，应当将商品视同销售处理，确认商品销售收入，同时应当根据谁受益谁承担原则计入相关成本费用，确认应付职工薪酬，属于为研发项目服务的职员部分，应确认计入所研发资产的成本。

更正分录如下：

借：研发支出——资本化支出　　　　　　　　　　　　　20（50×0.4）
　　主营业务成本　　　　　　　　　　　　　　　　　　　　　　75
　　管理费用　　　　　　　　　　　　　　　　　　　5（200×0.4-75）
　　贷：主营业务收入　　　　　　　　　　　　　　　　　　　　100

（4）甲公司对事项（4）的会计处理不正确。

理由：甲公司在20×2年的财务报表中已经按照当时初步和解的意向合理地确认了1000万元的预计负债。后续新事项的发生导致法院的判决结果与原来的预计金额存在不一致，这属于新事项的发生，不应调整以前的报表数据，应将二者之间的差额直接计入当期损益，不应调整前期损益，更正分录如下：

借：营业外支出　　　　　　　　　　　　　　　　　　　　　　2000
　　贷：盈余公积　　　　　　　　　　　　　　　　　　　　　　　200
　　　　利润分配——未分配利润　　　　　　　　　　　　　　　1800

（5）甲公司对事项（5）的会计处理不正确。

理由：按照甲公司对其可供出售金融资产的减值准备计提做出的会计政策规定，20×3年年末，从乙公司股价下跌持续的时间和严重程度来看，甲公司应对其持有的乙公司股票确认资产减值损失，资产减值损失金额为200+500=700（万元），故更正分录如下：

借：资产减值损失　　　　　　　　　　　　　　　　　　　　　　700
　　贷：资本公积——其他资本公积（或者其他综合收益）　　　　　700

4.【本题考点】采用权益法核算的长期股权投资的后续计量、多次交易形成非同一控制下的企业合并的会计处理

【参考答案及解析】

（1）甲公司进一步取得乙公司60%股权后，对乙公司达到了控制地步，在其

个别财务报表中对乙公司长期股权投资的账面价值应为原投资的账面价值加上新增投资的公允价值：600+3000=3600（万元），进一步取得投资过程中发生的与合并交易直接相关的费用应计入管理费用。

借：长期股权投资　　　　　　　　　　　　　　　　3000
　　管理费用　　　　　　　　　　　　　　　　　　　100
　　贷：银行存款　　　　　　　　　　　　　　　　　3100

企业合并过程中产生的商誉＝达到控制前持有的被投资单位股权的公允价值＋新增股权的对价—在购买日享有的被投资单位可辨认净资产公允价值份额

故甲公司合并财务报表中商誉为（1500+3000）−3000×90%=1800（万元）

该交易对甲公司合并财务报表的损益影响包括：原投资公允价值与账面价值的差额、新增股权过程中发生的与合并相关的直接费用，故该交易对甲公司合并报表中损益的影响为

（1500−600）−100=800（万元），合并报表中相关调整分录为：

借：长期股权投资　　　　　　　　　　　　900（1500−900）
　　贷：投资收益　　　　　　　　　　　　　　　　　900

（2）甲公司进一步取得乙公司60%股权后，对乙公司达到了控制，开始采用成本法对该长期股权投资进行核算。乙公司提取盈余公积以及将未分配利润转增股本时，甲公司不需要做会计处理。乙公司发放现金股利90万元，甲公司应该相应地确认投资收益。

会计分录为：

借：应收股利　　　　　　　　　　　　　　　81（90×90%）
　　贷：投资收益　　　　　　　　　　　　　　　　　81
借：银行存款　　　　　　　　　　　　　　　　　　　81
　　贷：应收股利　　　　　　　　　　　　　　　　　81

（3）甲公司对丙公司出资的会计分录为：

借：长期股权投资——成本　　　　　　　　　　　　1000
　　累计摊销　　　　　　　　　　　　　　100（500/50×10）
　　贷：无形资产　　　　　　　　　　　　　　　　　500
　　　　营业外收入　　　　　　　　　　　　　　　　600

按照甲公司取得丙公司控制权之日的丙公司可辨认净资产公允价值持续计

量的丙公司20×6年净利润为：220-（1000-400）+（1000-400）/40=-365（万元）

故甲公司20×6年确认的投资收益为-365×50%=-182.5（万元）

会计分录为：

借：投资收益　　　　　　　　　　　　　　　　　　　182.5

　　贷：长期股权投资——损益调整　　　　　　　　　　182.5

（4）甲公司取得丁公司40%股权的初始投资成本为付出的对价4000万元

会计分录为：

借：长期股权投资——成本　　　　　　　　　　　　　4000

　　贷：银行存款　　　　　　　　　　　　　　　　　　4000

首先应按照甲公司取得丁公司股权日丁公司可辨认净资产公允价值来调整丁公司20×6年的净利润：

基于购买日丁公司办公楼公允价值来对该办公楼提取折旧，年折旧额为（1000+3000）/20=200（万元），而丁公司个别报表中该办公楼提取的折旧为2000/40=50（万元），股应将丁公司个别报表中的净利润调减200-50=150（万元）。

故甲公司20×6年因持有丁公司股权应确认的投资收益金额=（900-150）×40%=300（万元），会计分录为：

借：长期股权投资——损益调整　　　　　　　　　　　300

　　　　　　　　　——其他权益变动　　　　　　　　　80

　　贷：投资收益　　　　　　　　　　　　　　　　　　300

　　　　资本公积——其他资本公积　　　　　　　　　　80

2013 年度注册会计师全国统一考试·会计考试真题

一、单项选择题

1. 甲公司为增值税一般纳税人，采用先进先出法计量发出 A 原材料的成本。20×1 年年初，甲公司库存 200 件 A 原材料的账面余额为 200 万元，未计提跌价准备。6 月 1 日购入 A 原材料 250 件，成本 2375 万元（不含增值税）、运输费用 80 万元（可抵扣增值税率为 7%）、保险费用 0.23 万元。1 月 31 日、6 月 6 日、11 月 12 日分别发出 A 原材料 150 件、200 件和 30 件。甲公司 20×1 年 12 月 31 日库存 A 原材料的成本是（   ）。

   A. 665.00 万元

   B. 686.00 万元

   C. 687.40 万元

   D. 700.00 万元

2. 甲公司 20×2 年 1 月 1 日发行 1000 万份可转换公司债券，每份面值为 100 元、每份发行价格为 100.5 元，可转换公司债券发行 2 年后，每份可转换公司债券可以转换 4 股甲公司普通股（每股面值 1 元）。甲公司发行该可转换公司债券确认的负债初始计量金额为 100150 万元。20×3 年 12 月 31 日，与该可转换公司债券相关负债的账面价值为 100050 万元。20×4 年 1 月 2 日，该可转换公司债券全部转换为甲公司股份。甲公司因可转换公司债券的转换应确认的资本公积（股本溢价）是（   ）。

   A. 350 万元   B. 400 万元

   C. 96050 万元   D. 96400 万元

3. 企业享受的下列税收优惠中，属于企业会计准则规定的政府补助的是（   ）。

   A. 增值税出口退税

   B. 免征的企业所得税

   C. 减征的企业所得税

   D. 先征后返的企业所得税

4. 20×2年6月2日，甲公司自二级市场购入乙公司股票1000万股，支付价款8000万元，另支付佣金等费用16万元。甲公司将购入上述乙公司股票划分为可供出售金融资产。20×2年12月31日，乙公司股票的市场价格为每股10元。20×3年8月20日，甲公司以每股11元的价格将所持乙公司股票全部出售。在支付佣金等费用33万元后实际取得价款10967万元。不考虑其他因素，甲公司出售乙公司股票应确认的投资收益是（   ）。

A. 967万元   B. 2951万元

C. 2984万元   D. 3000万元

5. 甲公司20×3年1月1日发行在外普通股为10000万股，引起当年发行在外普通股股数发生变动的事项有：（1）9月30日，为实施一项非同一控制下企业合并定向增发2400万股；（2）11月30日，以资本公积转增股本，每10股转增2股，甲公司20×3年实现归属于普通股股东的净利润为8200万元，不考虑其他因素，甲公司20×3年基本每股收益是（   ）。

A. 0.55元/股   B. 0.64元/股

C. 0.76元/股   D. 0.82元/股

6. 甲公司建造一条生产线，该工程预计工期两年，建造活动自20×4年7月1日开始，当日预付承包商建造工程款3000万元。9月30日，追加支付工程进度款2000万元。甲公司该生产线建造工程占用借款包括：（1）20×4年6月1日借入的三年期专门借款4000万元，年利率6%；（2）20×4年1月1日借入的两年期一般借款3000万元，年利率7%，甲公司将闲置部分专门借款投资货币市场基金，月收益率为0.6%，不考虑其他因素。20×4年甲公司该生产线建造工程应予资本化的利息费用是（   ）。

A. 119.50万元   B. 122.50万元

C. 137.50万元   D. 139.50万元

7. 企业发生的下列交易或事项中，不会引起当年度营业利润发生变动的是（   ）。

A. 对持有存货计提跌价准备

B. 出售自有专利技术产生收益

C. 持有的交易性金融资产公允价值上升

D. 处置某项联营企业投资产生投资损失

8. 甲公司应付乙公司购货款 2000 万元于 20×4 年 6 月 20 日到期，甲公司无力按期支付。经与乙公司协商进行债务重组，甲公司以其生产的 200 件 A 产品抵偿该债务，甲公司将抵债产品运抵乙公司并开具增值税专用发票后，原 2000 万元债务结清，甲公司 A 产品的市场价格为每件 7 万元（不含增值税价格），成本为每件 4 万元。6 月 30 日，甲公司将 A 产品运抵乙公司并开具增值税专用发票。甲、乙公司均为增值税一般纳税人，适用的增值税税率均为 17%。乙公司在该项交易前已就该债权计提 500 万元坏账准备。不考虑其他因素，下列关于该交易或事项的会计处理中，正确的是（   ）。

    A. 甲公司应确认营业收入 1400 万元

    B. 乙公司应确认债务重组损失 600 万元

    C. 甲公司应确认债务重组收益 1200 万元

    D. 乙公司应确认取得 A 商品成本 1500 万元

9. 在不考虑其他因素的情况下，下列各方中，不构成甲公司关联方的是（   ）。

    A. 甲公司母公司的财务总监

    B. 甲公司总经理的儿子控制的乙公司

    C. 与甲公司共同投资设立合营企业的合营方丙公司

    D. 甲公司通过控股子公司间接拥有 30% 股权并能施加重大影响的丁公司

10. 甲公司将一闲置机器设备以经营租赁方式租给乙公司使用。租赁合同约定，租赁期开始日为 20×3 年 7 月 1 日，租赁期 4 年，年租金为 120 万元，租金每年 7 月 1 日支付。租赁期开始日起的前 3 个月免收租金。20×3 年 7 月 1 日，甲公司收到乙公司支付的扣除免租期后的租金 90 万元。不考虑其他因素，甲公司 20×3 年应确认的租金收入是（   ）。

    A. 56.25 万元   B. 60.00 万元

    C. 90.00 万元   D. 120.00 万元

11. 甲公司董事会决定的下列事项中，属于会计政策变更的是（   ）。

    A. 将自行开发无形资产的摊销年限由 8 年调整为 6 年

    B. 将发出存货的计价方法由先进先出法变更为移动加权平均法

    C. 将账龄在 1 年以内应收账款的坏账计提比例由 5% 提高至 8%

    D. 将符合持有待售条件的固定资产由非流动资产重分类为流动资产列报

12. 企业发生的下列交易或事项中，不会引起当期资本公积（资本溢价）发生变动的是（　　）。

A. 以资本公积转增股本

B. 根据董事会决议，每2股缩为1股

C. 授予员工股票期权在等待期内确认相关费用

D. 同一控制下企业合并中取得被合并方净资产份额小于所支付对价账面价值

二、多项选择题

1. 甲公司与丙公司签订一项资产置换合同，甲公司以其持有的联营企业30%的股权作为对价，另以银行存款支付补价100万元，换取丙公司生产的一大型设备，该设备的总价款为3900万元，该联营企业30%股权的取得成本为2200万元；取得时该联营企业可辨认净资产公允价值为7500万元（可辨认资产、负债的公允价值与账面价值相等）。甲公司取得该股权后至置换大型设备时，该联营企业累计实现净利润3500万元，分配现金股利400万元，其他综合收益增加650万元。交换日，甲公司持有该联营企业30%股权的公允价值为3800万元，不考虑税费及其他因素，下列各项对上述交易的会计处理中，正确的有（　　）。

A. 甲公司处置该联营企业股权确认投资收益620万元

B. 丙公司确认换入该联营企业股权入账价值为3800万元

C. 丙公司确认换出大型专用设备的营业收入为3900万元

D. 甲公司确认换入大型专用设备的入账价值为3900万元

2. 甲公司20×2年发生与现金流量相关的交易或事项包括：（1）以现金支付管理人员的现金股票增值权500万元，（2）办公楼换取股权交易中，以现金支付补价240万元；（3）销售A产品收到现金5900万元；（4）支付经营租入固定资产租金300万元；（5）支付管理人员报销差旅费2万元；（6）发行权益性证券收到现金5000万元。下列各项关于甲公司20×2年现金流量相关的表述中，正确的有（　　）。

A. 经营活动现金流出802万元

B. 经营活动现金流入5900万元

C. 投资活动现金流出540万元

D. 筹资活动现金流入10900万元

3. 甲公司持有乙公司 70% 股权并控制乙公司，甲公司 20×3 年度合并财务报表中少数股东权益为 950 万元，20×4 年度，乙公司发生净亏损 3500 万元。无其他所有者权益变动，除乙公司外，甲公司没有其他子公司。不考虑其他因素，下列关于甲公司在编制 20×4 年度合并财务报表的处理中，正确的有（　　）。

   A. 母公司所有者权益减少 950 万元

   B. 少数股东承担乙公司亏损 950 万元

   C. 母公司承担乙公司亏损 2450 万元

   D. 少数股东权益的列报金额为 –100 万元

4. 下列各项资产减值准备中，在相关资产持有期间内可以通过损益转回的有（　　）。

   A. 存货跌价准备　　　　　　　　B. 长期应收款坏账准备

   C. 长期股权投资减值准备　　　　D. 可供出售权益工具投资减值准备

5. 下列各项中，应当计入相关资产初始确认金额的有（　　）。

   A. 采购原材料过程中发生的装卸费

   B. 取得持有至到期投资时发生的交易费用

   C. 通过非同一控制下企业合并取得子公司过程中支付的印花税

   D. 融资租赁承租人签订租赁合同过程中发生的可归属于租赁项目的初始直接费用

6. 甲公司 20×3 年自财政部门取得以下款项：（1）2 月 20 日，收到拨来的以前年度已完成重点科研项目的经费补贴 260 万元；（2）6 月 20 日，取得国家对公司进行技改项目的支持资金 3000 万元，用于购置固定资产，相关资产于当年 12 月 28 日达到预定可使用状态，预计使用 20 年，采用年限平均法计提折旧；（3）12 月 30 日，收到战略性新兴产业研究补贴 4000 万元，该项目至取得补贴款时已发生研究支出 1600 万元，预计项目结项前仍将发生研究支出 2400 万元。假定上述政府补助在 20×3 年以前均未予确认，不考虑其他因素，下列关于甲公司 20×3 年对政府补助相关的会计处理中，正确的有（　　）。

   A. 当期应入损益的政府补助是 1860 万元

   B. 当期取得与收益相关的政府补助是 260 万元

   C. 当期取得与资产相关的政府补助是 3000 万元

   D. 当期应计入资本公积的政府补助是 4000 万元

7. 甲公司为母公司，其所控制的企业集团内 20×3 年发生以下与股份支付相关的交易或事项：（1）甲公司与其子公司（乙公司）高管签订协议，授予乙公司高管 100 万份股票期权，待满足行权条件时，乙公司高管可以每股 4 元的价格自甲公司购买乙公司股票；（2）乙公司授予其研发人员 20 万份现金股票增值权，这些研发人员在乙公司连续服务 2 年，即可按照乙公司股价的增值幅度获得现金；（3）乙公司自市场回购本公司股票 100 万股，并与销售人员签订协议，如未来 3 年销售业绩达标，销售人员将无偿取得该部分股票；（4）乙公司向丁公司发行 500 万股本公司股票，作为支付丁公司为乙公司提供咨询服务的价款。不考虑其他因素，下列各项中，乙公司应当作为以权益结算的股份支付的有（　　）。

A. 乙公司高管与甲公司签订的股份支付协议

B. 乙公司与本公司销售人员签订的股份支付协议

C. 乙公司与本公司研发人员签订的股份支付协议

D. 乙公司以定向发行本公司股票取得咨询服务的协议

8. 甲公司 20×3 年 12 月 31 日持有的下列资产、负债中，应当作为 20×3 年资产负债表中流动性项目列报的有（　　）。

A. 将于 20×4 年 7 月出售的账面价值为 800 万元的可供出售金融资产

B. 预付固定资产购买价款 1000 万元，该固定资产将于 20×4 年 6 月取得

C. 因计提固定资产减值确认递延所得税资产 500 万元，相关固定资产没有明确的处置计划

D. 到期日为 20×4 年 6 月 30 日的负债 2000 万元，该负债在 20×3 年资产负债日后事项期间已签订展期一年的协议

9. 甲公司 20×3 年 1 月 2 日取得乙公司 30% 的股权，并与其他投资方共同控制乙公司，甲公司、乙公司 20×3 年发生的下列交易或事项中，会对甲公司 20×3 年个别财务报表中确认对乙公司投资收益产生影响的有（　　）。

A. 乙公司股东大会通过发放股票股利的议案

B. 甲公司将成本为 50 万元的产品以 80 万元出售给乙公司作为固定资产

C. 投资时甲公司投资成本小于应享有乙公司可辨认净资产公允价值的份额

D. 乙公司将账面价值 200 万元的专利权作价 360 万元出售给甲公司作为无形资产

10. 按照企业会计准则规定，下列各项中，属于非货币性资产交换的有（　　）。

A. 以应收账款换取土地使用权

B. 以专利技术换取拥有控制权的股权投资

C. 以可供出售金融资产换取未到期应收票据

D. 以作为交易性金融资产的股票投资换取机器设备

三、综合题

1. 甲公司20×2年实现利润总额3640万元，当年度发生的部分交易或事项如下：

（1）自3月20日起自行研发一项新技术，20×2年以银行存款支付研发支出共计680万元，其中研究阶段支出220万元，开发阶段符合资本化条件前支出60万元，符合资本化条件后支出400万元，研发活动至20×2年底仍在进行中。税法规定，企业为开发新技术、新产品、新工艺发生的研究开发费用，未形成资产计入当期损益的，在按规定据实扣除的基础上，按照研究开发费用的50%加计扣除；形成无形资产的，按照无形资产成本的150%摊销。

（2）7月10日，自公开市场以每股5.5元购入20万股乙公司股票，作为可供出售金融资产。20×2年12月31日，乙公司股票收盘价为每股7.8元。税法规定，企业持有的股票等金融资产以取得成本作为计税基础。

（3）20×2年发生广告费2000万元。甲公司当年度销售收入9800万元。税法规定，企业发生的广告费不超过当年销售收入15%的部分，准予扣除；超过部分，准予在以后纳税年度结转扣除。

其他有关资料：甲公司适用的所得税税率为25%，本题不考虑中期财务报告的影响，除上述差异外，甲公司20×2年未发生其他纳税调整事项，递延所得税资产和负债无期初余额，假定甲公司在未来期间能够产生足够的应纳税所得额用以利用可抵扣暂时性差异的所得税影响。

要求：

（1）对甲公司20×2年自行研发新技术发生支出进行会计处理，确定20×2年12月31日所形成开发支出的计税基础，判断是否确认递延所得税并说明理由。

（2）对甲公司购入及持有乙公司股票进行会计处理，计算该可供出售金融资产在20×2年12月31日的计税基础，编制确认递延所得税相关的会计分录。

（3）计算甲公司20×2年应交所得税和所得税费用，并编制确认所得税费用相关的会计分录。

2. 甲公司为上市金融企业，20×7年至20×9年期间有关投资如下：

（1）20×7年1月1日，按面值购入100万份乙公司公开发行的分次付息、一次还本债券、款项已用银行存款支付，该债券每份面值100元，票面年利率5%，每年年末支付利息，期限5年，甲公司将该债券投资分类为可供出售金融资产。

20×7年6月1日，自公开市场购入1000万股丙公司股票，每股20元，实际支付价款20000万元。甲公司将该股票投资分类为可供出售金融资产。

（2）20×7年10月，受金融危机影响，丙公司股票价格开始下跌，20×7年12月31日丙公司股票收盘价为每股16元。20×8年，丙公司股票价格持续下跌，20×8年12月31日收盘价为每股10元。

20×7年11月，受金融危机影响，乙公司债券价格开始下跌。20×7年12月31日乙公司债券价格为每份90元。20×8年，乙公司债券价格持续下跌，20×8年12月31日乙公司债券价格为每份50元，但乙公司仍能如期支付债券利息。

（3）20×9年宏观经济形势好转，20×9年12月31日，丙公司股票收盘价上升至每股18元，乙公司债券价格上升至每份85元。

本题不考虑所得税及其他相关税费。甲公司对可供出售金融资产计提减值的政策是：价格下跌持续时间在一年以上或价格下跌至成本的50%以下（含50%）。

要求：

（1）编制甲公司取得乙公司债券和丙公司股票时的会计分录。

（2）计算甲公司20×7年因持有乙公司债券和丙公司股票对当年损益或权益的影响金额，并编制相关会计分录。

（3）计算甲公司20×8年12月31日对持有的乙公司债券和丙公司股票应确认的减值损失金额，并编制相关会计分录。

（4）计算甲公司20×9年调整乙公司债券和丙公司股票账面价值对当期损益或权益的影响金额，并编制相关会计分录。

3.甲上市公司(以下简称"甲公司")20×1年至20×3年发生的有关交易或事项如下:

(1)20×1年8月30日,甲公司公告购买丁公司持有的乙公司60%股权。购买合同约定,以20×1年7月31日经评估确定的乙公司净资产价值52000万元为基础,甲公司以每股6元的价格定向发行6000万股本公司股票作为对价,收购乙公司60%股权。

12月26日,该交易取得证券监管部门核准;12月30日,双方完成资产交接手续;12月31日,甲公司向乙公司董事会派出7名成员,能够控制乙公司的财务和经营决策;该项交易后续不存在实质性障碍。

12月31日,乙公司可辨认净资产以7月31日评估值为基础进行调整后的公允价值为54000万元(有关可辨认资产、负债的公允价值与账面价值相同)。当日,乙公司股本为10000万元,资本公积为20000万元,盈余公积为9400万元、未分配利润为14600万元；甲公司股票收盘价为每股6.3元。

20×2年1月5日，甲公司办理完毕相关股份登记，当日甲公司股票收盘价为每股6.7元，乙公司可辨认净资产公允价值为54000万元；1月7日，完成该交易相关验资程序，当日甲公司股票收盘价为每股6.8元，期间乙公司可辨认净资产公允价值未发生变化。

该项交易中，甲公司为取得有关股权以银行存款支付评估费100万元、法律费300万元，为发行股票支付券商佣金2000万元。

甲、乙公司在该项交易前不存在关联关系。

（2）20×2年3月31日，甲公司支付2600万元取得丙公司30%股权并能对丙公司施加重大影响。当日，丙公司可辨认净资产的账面价值为8160万元，可辨认净资产公允价值为9000万元，其中，有一项无形资产公允价值为840万元，账面价值为480万元，该无形资产预计仍可使用5年，预计净残值为零，采用直线法摊销；一项固定资产公允价值为1200万元，账面价值为720万元，预计仍可使用6年，预计净残值为零，采用年限平均法计提折旧。假定上述固定资产或无形资产均自甲公司取得丙公司30%股权后的下月开始计提折旧或摊销。

丙公司20×2年实现净利润2400万元，其他综合收益减少120万元，假定有关利润和其他综合收益在年度中均匀实现。

（3）20×2年6月20日，甲公司将本公司生产的A产品出售给乙公司，售价为300万元，成本为216万元。乙公司将取得的A产品作为管理用固定资产，取得时即投入使用，预计使用5年，预计净残值为零，采用年限平均法计提折旧。至20×2年年底，甲公司尚未收到乙公司购买A产品价款。甲公司对账龄在1年以内的应收账款（含应收关联方款项）按照账面余额的5%计提坏账准备。

（4）乙公司20×2年实现净利润6000万元，其他综合收益增加400万元。乙公司20×2年12月31日股本为10000万元，资本公积为20400万元，盈余公积为10000万元，未分配利润为20000万元。

（5）甲公司20×2年向乙公司销售A产品形成的应收账款于20×3年结清。

其他有关资料：甲、乙公司均为增值税一般纳税人，适用的增值税税率均为17%，本题不考虑除增值税外其他相关税费；售价均不含增值税；本题中有关公司均按净利润的10%提取法定盈余公积，不提取任意盈余公积。

要求：

（1）确定甲公司合并乙公司的购买日，并说明理由；计算该项合并中应确认的商誉，并编制相关会计分录。

（2）确定甲公司对丙公司投资应采用的核算方法，并说明理由；编制甲公司确认对丙公司长期股权投资的会计分录；计算甲公司20×2年持有丙公司股权应确认的投资收益，并编制甲公司个别财务报表中对该项股权投资账面价值调整相关的会计分录。

（3）编制甲公司20×2年12月31日合并乙公司财务报表相关的调整和抵消分录。

（4）编制甲公司20×3年12月31日合并乙公司财务报表时，抵消上年双方未实现内部交易对期初未分配利润影响的会计分录。

4.甲公司为上市公司，内审部门在审核公司及下属子公司20×2年度财务报表时，对以下交易或事项的会计处理提出质疑：

（1）20×2年6月25日，甲公司与丙公司签订土地经营租赁协议，协议约定，甲公司从丙公司租入一块土地用于建设销售中心；该土地租赁期限为20年，自20×2年7月1日开始，年租金固定为100万元，以后年度不再调整，甲公司于租赁期开始日一次性支付20年租金2000万元，20×2年7月1日，甲公司向丙公司支付租金2000万元。

甲公司对上述交易或事项的会计处理为：

借：无形资产　　　　　　　　　　　　　　　　　　　　　2000
　　贷：银行存款　　　　　　　　　　　　　　　　　　　　　2000
借：销售费用　　　　　　　　　　　　　　　　　　　　　　50
　　贷：累计摊销　　　　　　　　　　　　　　　　　　　　　50

（2）20×2年8月1日，甲公司与丁公司签订产品销售合同。合同约定，甲公司向丁公司销售最近开发的C商品1000件，售价（不含增值税）为500万元，增值税税额为85万元；甲公司于合同签订之日起10日内将所售C商品交付丁公司，丁公司于收到C商品当日支付全部款项；丁公司有权于收到C商品之日起6个月内无条件退还C商品，20×2年8月5日，甲公司将1000件C商品交付丁公司并开出增值税专用发票，同时，收到丁公司支付的款项585万元。该批C商品的成本为400万元。由于C商品系初次销售，甲公司无法估计退货的可能性。

甲公司对上述交易或事项的会计处理为：

借：银行存款　　　　　　　　　　　　　　　　　　　　　585
　　贷：主营业务收入　　　　　　　　　　　　　　　　　　　500
　　　　应交税费——应交增值税（销项税额）　　　　　　　　85
借：主营业务成本　　　　　　　　　　　　　　　　　　　　400
　　贷：库存商品　　　　　　　　　　　　　　　　　　　　　400

（3）20×1年12月20日，甲公司与10名公司高级管理人员分别签订商品房销售合同。合同约定，甲公司将自行开发的10套房屋以每套600万元的优惠价格销售给10名高级管理人员；高级管理人员自取得房屋所有权后必须在甲公司工作5年，如果在工作未满5年的情况下离职，需根据服务期限补交款项。20×2年6月25日，甲公司收到10名高级管理人员支付的款项6000万元。20×2年6月30

日，甲公司与10名高级管理人员办理完毕上述房屋产权过户手续。上述房屋成本为每套420万元，市场价格为每套800万元。

甲公司对上述交易或事项的会计处理为：

借：银行存款　　　　　　　　　　　　　　　　　　6000
　　贷：主营业务收入　　　　　　　　　　　　　　　6000
借：主营业务成本　　　　　　　　　　　　　　　　　4200
　　贷：开发产品　　　　　　　　　　　　　　　　　4200

（4）甲公司设立全资乙公司，从事公路的建设和经营，20×2年3月5日，甲公司（合同投资方）、乙公司（项目公司）与某地政府（合同授予方）签订特许经营协议，该政府将一条公路的特许经营权授予甲公司。协议约定，甲公司采用建设—经营—移交方式进行公路的建设和经营，建设期3年，经营期30年；建设期内，甲公司按约定的工期和质量标准建设公路，所需资金自行筹集；公路建造完成后，甲公司负债运行和维护，按照约定的收费标准收取通行费；经营期满后，甲公司应按协议约定的性能和状态将公路无偿移交给政府，项目运行中，建造及运营，维护均由乙公司实际执行。

乙公司采用自行建造的方式建造公路，截至20×2年12月31日，累计实际发生建造成本20000万元（其中：原材料13000万元，职工薪酬3000万元，机械作业4000万元），预计完成建造尚需发生成本60000万元，乙公司预计应收对价的公允价值为项目建造成本加上10%的利润。

乙公司对上述交易或事项的会计处理为：

借：工程施工　　　　　　　　　　　　　　　　　　20000
　　贷：原材料　　　　　　　　　　　　　　　　　　13000
　　　　应付职工薪酬　　　　　　　　　　　　　　　3000
　　　　累计折旧　　　　　　　　　　　　　　　　　4000

其他相关资料：

上述所涉及公司均为增值税一般纳税人，适用的增值税税率均为17%，涉及的房地产业务未实施营业税改征增值税，除增值税外，不考虑其他相关税费，不考虑提取盈余公积等因素。

要求：

（1）根据资料（1）至（3），逐项判断甲公司的会计处理是否正确，并说明理由，如果甲公司的会计处理不正确，编制更正甲公司20×2年度财务报表的会计分录（编制更正分录时可以使用报表项目）。

（2）根据资料（4），判断乙公司的会计处理是否正确，并说明理由；如果乙公司的会计处理不正确，编制更正乙公司20×2年度财务报表的会计分录（编制更正分录时可以使用报表项目）。

2013年度注册会计师全国统一考试·会计考试真题参考答案深度全面解析与应试重点

一、单项选择题

1.【参考答案】B

【本题考点】存货成本的计量

【解析】甲公司6月1日购入A原材料的实际单位成本为[2375+80×（1-7%）+0.23]/250=9.80（万元），20×1年12月31日A原材料结存数量为200+250-150-200-30=70（件），由于甲公司采用先进先出法计量发出A原材料的成本，因此库存的70件A材料均为6月1日购入的，故甲公司20×1年12月31日库存A原材料的成本为70×9.80=686（万元），选项B正确。

2.【参考答案】D

【本题考点】可转换债券转换到期转换时的会计处理

【解析】企业发行的可转换公司债券的价值由负债和权益两个部分组成，在可转换债券到期转换时，应终止确认其负债部分并将其确认为权益。甲公司该可转换债券的权益部分价值为1000×100.5-100150=350（万元），20×4年1月2日，该可转换公司债券全部转换为甲公司股份时，该债券的总价值为100050+350=100400（万元），因每份可转换公司债券可以转换4股甲公司普通股（每股面值1元），因此转换后的股本增加1000×4=4000（万元），故应确认的资本公积（股本溢价）的金额为100400-4000=96400（万元），选项D正确。

3.【参考答案】D

【本题考点】政府补助事项的判断

【解析】政府补助，是指企业从政府无偿取得货币性资产或非货币性资产，但不包括政府作为企业所有者投入的资本。政府补助具有如下特征：

（1）无偿性；（2）直接取得资产。

比如，企业取得的财政拨款、先征后返（退）、即征即退等方式返还的税款、行政划拨的土地使用权、天然起源的天然林等。不涉及资产直接转移的经济支持不属于政府补助准则规范的政府补助，比如政府于企业间的债务豁免，除税收返还外的税收优惠，如直接减征、免征、增加计税抵扣额、抵免部分税额等。增值税出口退税也不属于政府补助。

增值税出口退税是对企业原支付增值税的退回，也不属于政府补助，选项A错误；免征和减征企业所得税都不符合直接取得资产特征，故选项B、C错误；先征后返的企业所得税符合政府补助准则规范，选项D正确。

4.【参考答案】B

【本题考点】可供出售金融资产的会计处理

【解析】可供出售金融资产取得时发生的佣金等费用应计入初始投资成本，公允价值变动计入其他综合收益，出售时再将原确认的其他综合收益转入投资收益。故甲公司出售乙公司股票应确认的投资收益为10967-（8000+16）=2951（万元）。

5.【参考答案】B

【本题考点】发行在外普通股加权平均数的计算

【解析】基本每股收益只考虑当期实际发行在外的普通股股份，按照归属于普通股股东的当期净利润除以当期实际发行在外普通股的加权平均数计算确定。当期实际发行在外普通股的加权平均数为期初发行在外普通股股数经当期新发行或者回购的普通股股数以及转增等调整后的股数，本题中甲公司20×3年实际发行在外普通股的加权平均数为（10000+2400×3/12）×（1+2/10）=12720（万股），甲公司20×3年基本每股收益为8200/12720=0.64（元/股），选项B正确。

6.【参考答案】A

【本题考点】借款费用利息资本化金额的确定

【解析】借款费用开始资本化要同时满足三个条件：

（1）资产支出已经发生，包括支付现金、转移非现金资产和承担带息债务形式发生的支出，赊购形式发生的支出不属于资产支出；

（2）借款费用已经发生，已经发生了专门借款费用或者占用了一般借款的借款费用；

（3）为使资产达到预定可使用或者可销售状态所必要的构建或者生产活动已经开始，即符合资本化条件的实体建造或者生产工作已经开始。

为构建或者生产符合资本化条件的资产而发生专门借款的，应当以专门借款当期实际发生的利息费用，减去将尚未动用的借款租金存入银行取得的利息收入或进行暂时性投资取得的投资收益后的金额确定。

故20×4年甲公司该生产线建造工程应予资本化的利息费用是：

（4000×0.6%×6/12-1000×0.6%×3）+1000×7%×3/12=119.5（万元），选项A正确。

7.【参考答案】B

【本题考点】营业利润组成部分的确定

【解析】营业利润＝营业收入－营业成本－管理费用－财务费用－销售费用－资产减值损失＋公允价值变动收益＋投资收益

对存货计提跌价准备计入资产减值损失，影响营业利润；出售自有专利技术产生收益计入营业外收入，不影响营业利润；交易性金融资产公允价值变动计入公允价值变动损益，影响营业利润；处置某项联营企业投资产生投资损失计入投资收益，影响营业利润，故选项B正确。

8.【参考答案】A

【本题考点】债务重组事项的会计处理

【解析】甲公司以其生产的200件A产品抵偿该债务应视同商品销售，确认营业收入200×7=1400（万元），选项A正确；A产品的公允价值及销项税之和为200×7+200×7×17%=1638（万元），大于乙公司应收甲公司账款的账面价值2000-500=1500（万元），故应冲减之前确认的资产减值损失，冲减金额为1638-1500=138（万元），选项B错误；甲公司应确认债务重组收益为2000-（200×7+200×7×17%）=362（万元），选项C错误；乙公司应确认取得A商品成本为200×7=1400（万元），故选项D错误。

9.【参考答案】C

【本题考点】关联方关系的判定

【解析】一方控制、共同控制另一方或对另一方施加重大影响，以及两方或两方以上同受一方控制、共同控制的，构成关联方。

常见的不构成关联方的情况如下：

（1）与该企业发生日常往来的资金提供者、公用事业部门、政府部门和机构，以及因与该企业发生大量交易而存在经济依存关系的单个客户、供应商、特许商、经销商和代理商之间，不构成关联方关系。

（2）与该企业共同控制合营企业的合营者之间，通常不构成关联方关系。

（3）仅仅同受国家控制而不存在控制、共同控制或重大影响关系的企业，不构成关联方关系。

（4）受同一方重大影响的企业之间不构成关联方。

故选项 C 正确。

10.【参考答案】A

【本题考点】部分期间免租金的租赁业务中租赁费用的确认

【解析】部分期间免租金的租赁业务，应将总租金在整个租赁期间内均摊。租赁期收取的租金总额 120×3+90=450（万元），故甲公司 20×3 年应确认的租金收入 =450÷4×6/12=56.25（万元），选项 A 正确。

11.【参考答案】B

【本题考点】会计政策变更与会计估计变更的划分

【解析】

会计政策是指企业在会计确认、计量和报告中所采用的原则基础和会计处理方法。会计政策变更是指企业对相同的交易或者事项由原来采用的会计政策改用另一会计政策的行为。

会计估计变更是指由于资产和负债的当期状况及预期经济利益和义务发生了变化，从而对资产或负债的账面价值或者资产的定期消耗金额进行调整。会计估计变更的情形包括：

1）赖以进行估计的基础发生了变化，例如：固定资产折旧年限、无形资产摊销年限的变更

2）取得了新的信息、积累了更多的经验，例如：企业原根据当时能够得到的信息，对应收账款每年按照其余额的 5% 计提坏账准备。现在掌握了新的信息，判定不能收回的应收账款比例已经达到 15%，企业改按 15% 的比例计提坏账准备。

无形资产摊销年限的变更、应收账款计提比例的变更都属于会计估计变更，故选项 A、C 错误；存货的发出计价方法变更属于会计政策的变更，选项 B 正确；将符合持有待售条件的固定资产由非流动资产重分类为流动资产列报为正常的会计处理，不属于会计政策变更，故选项 D 错误。

12.【参考答案】C

【本题考点】引起当期资本公积（资本溢价）发生变动的事项判断

【解析】以资本公积转增股本、以及根据董事会决议，每2股缩为1股，都会引起当期股本和资本公积（资本溢价）同时发生变动；同一控制下企业合并中取得被合并方净资产份额小于所支付对价账面价值，差额计入资本公积（资本溢价）；授予员工股票期权在等待期内确认相关费用，同时贷方记入"资本公积—其他资本公积"科目，不会引起当期资本公积（资本溢价）发生变动，选项C正确。

二、多项选择题

1.【参考答案】A、B、C、D

【本题考点】非货币性资产交换业务的相关会计处理

【解析】甲公司取得其联营企业30%股权时，取得成本2200万元小于享有的联营企业可辨认净资产公允价值份额7500×30%=2250（万元），故应调增该长期股权投资价值为2250万元，并采用权益法核算该长期股权投资，至甲公司处置该联营企业股权时，该股权投资的账面价值为2250+（3500-400）×30%+650×30%=3375（万元），甲公司处置该联营企业股权应确认投资收益3800-3375+650×30%=620（万元），故选项A正确；丙公司换入该联营企业股权按其公允价值入账3800万元入账，选项B正确；丙公司换出其生产的大型专用设备应按其公允价值3900万元确认营业收入，选项C正确；因该非货币性资产交换时，甲公司支付补价100万元，故甲公司确认换入的大型专用设备的入账价值为3800+100=3900（万元），选项D正确。

2.【参考答案】A、B

【本题考点】现金流量表中经营活动、投资活动、筹资活动的划分

【解析】经营活动，是指企业投资活动和筹资活动以外的所有交易和事项，包括销售商品或提供劳务、购买商品或接受劳务、收到的税费返还、经营性租赁、支付工资、支付广告费用、缴纳各项税款等。

投资活动，是指企业长期资产的构建和不包括现金等价物范围内的投资及其处置活动，包括取得和收回投资、构建和处置固定资产、购买和处置无形资产等。

筹资活动，是指导致企业资本及债务规模和构成发生变化的活动，包括发行

股票或接受投入资本、分配现金股利、取得和偿还银行借款、发行和偿还公司债券等。

事项（1）、事项（3）、事项（4）、事项（5）属于经营活动，故经营活动现金流出为500+300+2=802（万元），经营活动现金流入为5900万元，选项A、B正确；事项（2）属于投资活动，故投资活动现金流出为240万元，选项C错误；事项（6）属于筹资活动，故筹资活动现金流入为5000万元，选项D错误。

3.【参考答案】C、D

【本题考点】合并财务报表编制中相关事项的处理

【解析】母公司所有者权益减少3500×70%=2450（万元），故选项A错误；少数股东承担乙公司亏损3500×(1-70%)=1050（万元），选项B错误；母公司承担乙公司亏损3500×70%=2450（万元），选项C正确；少数股东权益的列报金额为950-1050=-100（万元），故选项D正确。

4.【参考答案】A、B

【本题考点】资产减值损失转回的会计处理

【解析】一般情况下，适用于资产减值准则的资产，计提的减值准备在以后期间不得转回。

适用于资产减值准则的资产包括对子公司、联营企业和合营企业的长期股权投资、采用成本模式进行后续计量的投资性房地产、固定资产、生产性生物资产、无形资产（包括资本化的开发支出）、油气资产（探明石油天然气矿区权益和井及相关设施）和商誉等。

考虑到固定资产、无形资产、商誉等资产发生减值后，一方面价值回升的可能性比较小，属于永久性的减值；另一方面从会计信息的谨慎性要求考虑，为了避免确认资产重估增值和操纵利润，资产减值准则规定，资产减值损失一经确认，在以后期间不得转回。以前期间计提的资产减值准备，在资产处置、出售、对外投资、非货币性资产交换方式换出、在债务重组抵偿债务时，才可以予以转出。

不适用于资产减值准则的资产，计提减值准备后，如果以后客观情况表明其价值回升，则计提的减值可以转回。

不适用于资产减值准则的资产包括：存货、采用公允价值模式计量的投资性房地产、消耗性生物资产、建造合同形成的资产、递延所得税资产、融资租赁中出租人未担保余值、金融资产等。

综上可知，存货、长期应收款的资产减值损失可以转回，冲减资产减值损失，选项A、B正确；长期股权投资减值准备形成的资产减值损失以后期间不得转回，选项C错误；可供出售权益工具投资减值准备形成的资产减值损失在以后期间可以转回，但转回的金额计入其他综合收益，而非当期损益，故选项D错误。

5.【参考答案】A、B、D

【本题考点】相关费用是否计入成本的判定

【解析】采购原材料过程中发生的装卸费应计入原材料成本，选项A正确；取得持有至到期投资时发生的交易费用应计入持有至到期投资的成本，选项B正确；通过非同一控制下企业合并取得子公司过程中支付的印花税应计入管理费用，选项C错误；融资租赁承租人签订租赁合同过程中发生的可归属于租赁项目的初始直接费用应计入租入资产的成本，选项D正确。

6.【参考答案】A、C

【本题考点】政府补助的相关会计处理

【解析】政府补助分为与资产相关的政府补助和与收益相关的政府补助。与资产相关的政府补助是指企业取得的、用于购建或以其他方式形成长期资产的政府补助；与收益相关的政府补助是指除与资产相关的政府补助之外的政府补助。

款项（1）（3）属于与收益相关的政府补助，款项（3）属于与资产相关的政府补助，故当期取得与收益相关的政府补助为260+1600=1860（万元），当期取得与资产相关的政府补助为3000万元。选项A、C正确，选项B错误；政府补助不计入资本公积，故选项D错误。

7.【参考答案】B、C、D

【本题考点】以权益结算的股份支付和以现金结算的股份支付的区分

【解析】

股份支付分为以权益结算的股份支付和以现金结算的股份支付。

（1）以权益结算的股份支付，是指企业为获取服务而以股份（如限制性股票）或其他权益工具（如股票期权）作为对价进行结算的交易。

（2）以现金结算的股份支付，是指企业为获取服务而承担的以股份或其他权益工具为基础计算的交付现金或其他资产义务的交易，如现金股票增值权等。

母公司授予子公司高管股票期权，乙公司应当作为以权益结算的股份支付处理，选项A正确；乙公司授予其研发人员20万份现金股票增值权，以及与定向发行本公司股票取得资讯服务，均属于与权益结算的股份支付，选项B和D正确；授予本公司研发人员的现金股票增值权属于现金结算的股份支付，故选项C错误。

8.【参考答案】A、B、D

【本题考点】流动资产与非流动资产的区分

【解析】在20×3年12月31日，将于20×4年7月出售的账面价值为800万元的可供出售金融资产应当作为流动性项目列报，选项A正确；因计提固定资产减值确认递延所得税资产500万元，相关固定资产没有明确的处置计划，应作为非流动资产列报，选项C错误；对于在资产负债表日起一年内到期的负债，企业如果不能自主地将清偿义务展期，即使在资产负债表日后事项期间重新签订清偿计划，仍应当作为流动负债列报，选项D正确。

提示：对于选项B是否正确，尚且存在争议。

用于购建固定资产的预付款项应该列报为流动资产还是非流动资产的问题，实务中一直存在不同的观点：

一种观点认为如何列报预付工程设备款应该取决于预付账款结转为其所购买的资产的时间。如果预付账款预计将在未来一年（或者一个营业周期）之内结转为其他资产，则预付账款应作为流动资产列报，否则应作为非流动资产列报。

另外一种观点认为，判断预付账款作为流动资产还是非流动资产列报应该依据该预付账款所购买的标的资产的类别来决定。例如，为购买存货支付预付账款应当列报为流动资产，为购买固定资产而支付的预付账款则应该列报为非流动资产。

如果按照观点一，选项B正确；按照观点二，选项B错误。

9.【参考答案】B、D

【本题考点】对投资收益产生影响的事项的判断

【解析】乙公司股东大会通过发放股票股利的议案，甲公司不需要做会计处理，即使是发放股票股利，也只会改变甲公司所持股份的数量，而不会影响投资收益，选项A错误；

选项B和D中的事项均属于内部交易，会影响乙公司调整后的净利润，因此影响甲公司的投资收益；投资时甲公司投资成本小于应享有乙公司可辨认净资产公允价值的份额，应调增甲公司的营业外收入，不影响投资收益，选项C错误。

10.【参考答案】B、D

【本题考点】

【解析】非货币性资产交换是指交易双方主要以存货、固定资产、无形资产和长期股权投资等非货币性资产进行的交换，该交换不涉及或仅仅涉及少量的货币性资产（即补价，补价占整个资产交换金额的比例要低于25%）。

非货币性资产是相对于货币性资产而言的。货币性资产是指企业持有的货币资金和将以固定或可确定的金额收取的资产，包括现金、银行存款、应收账款和应收票据以及准备持有至到期的债券投资等；而非货币性资产是指货币性资产以外的资产，包括存货、固定资产、无形资产、长期股权投资、不准备持有至到期的债券投资等，即货币金额是不固定的或不可确定的。

应收账款和应收票据均属于货币性资产，故选项A、C错误，选项B、D正确。

三、综合题

1.【本题考点】无形资产研发、可供出售金融资产、递延所得税

【参考答案及解析】

（1）无形资产研发分为研究阶段和开发阶段两个过程，研究阶段发生的费用支出计入"研发支出——费用化支出"科目，开发阶段又进一步分为符合资本化条件前和符合资本化条件后两个阶段，其中符合资本化条件前发生的费用计入"研发支出——费用化支出"科目，符合资本化条件后发生的费用计入"研发支出——资本化支出"科目。并且，要将"研发支出——费用化支出"科目中的费用支出转入管理费用。

故甲公司20×2年自行研发新技术发生支出进行会计处理为

借：研发支出——费用化支出　　　　　　　　280（220+60）
　　　　　　　——资本化支出　　　　　　　　400
　　贷：银行存款　　　　　　　　　　　　　　680
借：管理费用　　　　　　　　　　　　　　　　280
　　贷：研发支出——费用化支出　　　　　　　280

税法规定，企业为开发新技术、新产品、新工艺发生的研究开发费用，未形成资产计入当期损益的，在按规定据实扣除的基础上，按照研究开发费用的50%加计扣除；形成无形资产的，按照无形资产成本的150%摊销。

因此，20×2年12月31日所形成开发支出的计税基础为400×150%=600（万元）。

虽然该开发支出的计税基础与其账面价值之间存在着200万元（600-400）的可抵扣暂时性差异，但不应确认递延所得税资产，从而不产生递延所得税。因为该项开发支出并非产生于企业合并，同时在初始确认时既不影响会计利润也不应纳税所得额，如果要确认其账面价值和计税基础之间的暂时性差异的所得税影响，则需要调整该项开发支出形成的无形资产的历史成本，这将违背历史成本的计价原则，因此不应确认递延所得税资产。

（2）甲公司购入乙公司股票的初始投资成本为20×5.5=110（万元）

借：可供出售金融资产——成本　　　　　　　　　110

　　贷：银行存款　　　　　　　　　　　　　　　　　110

20×2年12月31日，乙公司股票收盘价为每股7.8元，该可供出售金融资产的账面价值为7.8×20=156（万元），甲公司应确认的公允价值变动收益为20（7.8-5.5）=46（万元）。

借：可供出售金融资产——公允价值变动　　　　　46

　　贷：资本公积——其他资本公积　　　　　　　　　46

因为税法规定，企业持有的股票等金融资产以取得成本作为计税基础，所以该可供出售金融资产在20×2年12月31日的计税基础为110万元。账面价值大于计税基础之间的应纳税暂时性差异为156-110=46（万元），应确认的递延所得税负债为46×25%=11.5（万元）。

借：资本公积—其他资本公积　　　　　　　　　　11.5

　　贷：递延所得税负债　　　　　　　　　　　　　　11.5

（3）税法规定，企业发生的广告费不超过当年销售收入15%的部分，准予扣除，超过部分，准予在以后纳税年度结转扣除。甲公司20×2年发生广告费2000万元，甲公司当年度销售收入9800万元。因此甲公司20×2年允许税前扣除的广告费为9800×15%=1470（万元），因广告费税前扣除的差异，形成可抵扣暂时性差异2000-1470=530（万元）；

税法规定，企业为开发新技术、新产品、新工艺发生的研究开发费用，未形成资产计入当期损益的，在按规定据实扣除的基础上，按照研究开发费用的50%加计扣除。故甲公司20×2年无形资产研发的费用化支出税前允许扣除280×（1+50%）=420（万元），因此：

甲公司20×2年应交所得税为[3640-（420-280）+（2000-1470）]×25%=1007.5（万元）。

甲公司20×2年递延所得税资产为530×25%=132.5（万元）

甲公司20×2年的所得税费用为1007.5-132.5=875（万元）

借：所得税费用　　　　　　　　　　　　　　　　875
　　递延所得税资产　　　　　　　　　　　　　　132.5
　　贷：应交税费——应交所得税　　　　　　　　　　1007.5

2.【本题考点】可供出售权益工具和可供出售债务工具的会计处理
【参考答案及解析】
（1）甲公司取得乙公司债券时的会计分录（单位：万元）：
借：可供出售金融资产——成本　　10000（100×100）
　　贷：银行存款　　　　　　　　　　　　　　　　10000

甲公司取得丙公司股票时的会计分录（单位：万元）：
借：可供出售金融资产——成本　　20000（1000×20）
　　贷：银行存款　　　　　　　　　　　　　　　　20000

（2）可供出售金融资产的减值损失计入其他综合收益，20×7年因金融危机的影响，乙公司债券和甲公司股票价格均降低，甲公司应将所持的可供出售金融资产的价值变动计入其他综合收益科目；收到的乙公司债券利息计入投资收益。故20×7年甲公司：

因持有乙公司债券导致当年权益的下降影响金额为：100×（100-90）=1000（万元）。
因持有乙公司债券导致当年投资收益增加金额为：100×100×5%=500（万元）。
因持有丙公司股票导致当年权益的下降影响金额为：1000×（20-16）=4000（万元）。
会计分录：

借：应收利息　　　　　　　　　　　　　　　　　500
　　贷：投资收益　　　　　　　　　　　　　　　　　500
借：银行存款　　　　　　　　　　　　　　　　　500
　　贷：应收利息　　　　　　　　　　　　　　　　　500

借：其他综合收益	1000	
贷：可供出售金融资产——公允价值变动		1000
借：其他综合收益	4000	
贷：可供出售金融资产——公允价值变动		4000

（3）甲公司对可供出售金融资产计提减值的政策是：价格下跌持续时间在一年以上或价格下跌至成本的50%以下（含50%）。

从20×8年乙公司债券和丙公司股票的跌幅和持续时间来看，甲公司应对其所持有的可供出售金融资产计提减值准备，将原计入其他综合收益的公允价值下降份额一并转入资产减值损失。

甲公司20×8年12月31日对持有的乙公司债券应确认的减值损失金额为：10000−100×50=5000（万元）

借：资产减值损失	5000	
贷：可供出售金融资产——公允价值变动		4000
其他综合收益		1000

甲公司20×8年12月31日对持有的丙公司股票应确认的减值损失金额为：20000−1000×10=10000（万元）

相关会计分录为：

借：资产减值损失	10000	
贷：可供出售金融资产——公允价值变动		6000
其他综合收益		4000

（4）20×9年宏观经济形势好转，20×9年12月31日，丙公司股票收盘价上升至每股18元，乙公司债券价格上升至每份85元。可见甲公司应调整乙公司债券和丙公司股票的账面价值，对于可供出售债务工具，应在原计提的减值准备损失内冲减资产减值准备，对于可供出售权益工具，应将恢复的价值计入其他综合收益。

因此，甲公司调整乙公司债券账面价值对当期损益的影响金额为100×85−100×50=3500（万元），会计分录为：

借：可供出售金融资产——公允价值变动	3500	
贷：资产减值损失		3500

调整持有的丙公司股票价值对当年权益的影响金额为1000×18−1000×10=8000（万元），会计分录为：

借：可供出售金融资产——公允价值变动　　　　　　　　　　　　8000
　　贷：其他综合收益　　　　　　　　　　　　　　　　　　　　　　8000

3.【本题考点】非同一控制下企业合并的处理原则以及会计处理、非同一控制下企业合并购买日后合并财务报表的编制、内部债权债务项目的抵消、内部应收款项计提坏账准备的抵消、发生变卖或报废情况下的内部固定资产交易的抵消、发生变卖情况下的内部无形资产交易的抵消、所得税会计、内部交易存货相关所得税会计的合并抵消处理、内部固定资产等相关所得税会计的合并抵消处理

【参考答案及解析】

（1）甲公司合并乙公司的购买日为20×2年12月31日。

同时满足以下条件时，一般可认为实现了控制权的转移，形成了购买日：

1）企业合并合同或协议已获取股东大会等内部权力通过；

2）按照规定，合并事项需要经过国家有关主管部门审批的，已获得相关部门的批准；

3）参与合并各方已办理了必要的财产交接手续；

4）购买方已经支付了购买价款的大部分（一般应超过50%），并且有能力、有计划支付剩余款项；

5）购买方已经实际控制了被购买方的财务和经营政策，享有相应的收益并且承担相应的风险。

12月31日，甲公司向乙公司董事会派出7名成员，能够控制乙公司的财务和经营决策；该项交易后续不存在实质性障碍，因此甲公司合并乙公司的购买日为20×2年12月31日。

该项合并中应确认的商誉为购买日甲公司付出的6000万股股票对价的公允价值与购买日甲公司所享有的按照乙公司可辨认净资产公允价值份额之间的差额，该项合并中应确认的商誉为6000×6.3－54000×60%＝5400（万元）。

借：长期股权投资　　　　　　　　　　　　　　37800（6000×6.3）
　　贷：股本　　　　　　　　　　　　　　　　　　　　　　　　6000
　　　　资本公积——股本溢价　　　　　　　　　　　　　　　　31800

该项交易中，甲公司为取得有关股权以银行存款支付评估费100万元、法律费300万元，为发行股票支付券商佣金2000万元。

借：管理费用　　　　　　　　　　　　　　400（100+300）
　　资本公积——股本溢价　　　　　　　　2000
　　　贷：银行存款　　　　　　　　　　　　　　2400

（2）甲公司对丙公司投资应采用权益法核算。

理由：甲公司取得丙公司30%股权并能对丙公司施加重大影响。

甲公司支付2600万元取得丙公司30%股权，同日丙公司可辨认净资产公允价值为9000万元，支付的对价2600万元小于取得股权日甲公司应享有的丙公司可辨认净资产公允价值份额9000×30%=2700（万元），应调增长期股权投资的账面价值，计入营业外收入。

甲公司确认对丙公司长期股权投资的会计分录为：

借：长期股权投资——投资成本　　　　　2600
　　　贷：银行存款　　　　　　　　　　　　　　2600
借：长期股权投资——投资成本　　　　　100（9000×30%-2600）
　　　贷：营业外收入　　　　　　　　　　　　　100

甲公司取得丙公司30%股权后，按照取得股权日丙公司可辨认净资产公允价值持续计量的净利润为2400×9/12-（840-480）÷5×9/12-（1200-720）÷6×9/12=1686（万元），故甲公司20×2年持有丙公司股权应确认的投资收益为1686×30%=505.8（万元）。

会计分录为：

借：长期股权投资——损益调整　　　　　505.8
　　　贷：投资收益　　　　　　　　　　　　　　505.8
借：其他综合收益　　　　　　　　　　　27（120×9/12×30%）
　　　贷：长期股权投资——其他综合收益　　　　27

（3）

1）按照权益法核算调整对乙公司长期股权投资的账面价值：

借：长期股权投资　　　　　　　　　　　3600（6000×60%）
　　　贷：投资收益　　　　　　　　　　　　　　3600
借：长期股权投资　　　　　　　　　　　240（400×60%）
　　　贷：其他综合收益　　　　　　　　　　　　240

2）从合并报表角度，将甲公司对乙公司的长期股权投资与乙公司所有者权益相抵销：

借：股本 10000
　　资本公积 20400
　　盈余公积 10000
　　未分配利润——年末 20000
　　商誉 5400
　贷：长期股权投资 41640（37800+3600+240）
　　　少数股东权益 24160[（10000+20400+10000+20000）×40%]

3）将乙公司利润分配项目与甲公司投资收益相抵销：

借：投资收益 3600
　　少数股东损益 2400
　　未分配利润——年初 14600
　贷：提取盈余公积 600
　　　未分配利润——年末 20000

4）将甲公司与乙公司之间的内部交易相抵销：

借：营业收入 300
　贷：营业成本 216
　　　固定资产——原价 84

借：固定资产——累计折旧 8.4（84÷5×6/12）
　贷：管理费用 8.4

借：应付账款 351
　贷：应收账款 351

借：应收账款——坏账准备 17.55（351×5%）
　贷：资产减值损失 17.55

（4）甲公司20×3年12月31日合并乙公司财务报表时，抵消上年双方未实现内部交易对期初未分配利润影响的会计分录为：

借：未分配利润——年初 84
　贷：固定资产——原价 84

借：固定资产——累计折旧 8.4
　贷：未分配利润——年初 8.4

借：应收账款——坏账准备 17.55
　　　贷：未分配利润——年初 17.55

4.【本题考点】投资性房地产采用公允价值后续计量模式时的会计处理、销售商品收入、建造合同收入

【参考答案及解析】

（1）资料（1）中甲公司的会计处理不正确。

理由：20×2年6月25日，甲公司与丙公司签订了土地经营租赁协议，可以看出该项交易属于经营租赁业务，而以经营租赁方式租入的土地不能作为无形资产核算，不能对租入的无形资产进行摊销。

更正分录为：

借：累计摊销 50
　　长期待摊费用 1950
　　　贷：无形资产 2000

（2）资料（2）中甲公司的会计处理不正确。

理由：附有销售退回条件的商品，如不能根据以往经验确定退回可能性，发出商品时风险和报酬未发生转移，不应确认收入和结转成本。资料中的商品销售附有销售退回条件，并且由于C商品系初次销售，甲公司无法估计退货的可能性，因此，甲公司不应确认商品销售收入，也不能结转成本。

更正分录：

借：主营业务收入 500
　　　贷：预收账款 500
借：发出商品 400
　　　贷：主营业务成本 400

（3）资料（3）中甲公司的会计处理不正确。

理由：合同约定，甲公司将自行开发的10套房屋以每套600万元的优惠价格销售给10名高级管理人员，高级管理人员自取得房屋所有权后必须在甲公司工作5年，如果在工作未满5年的情况下离职，需根据服务期限补交款项。

因此甲公司应按市场价确认收入，市场价与售价的差额计入长期待摊费用，在职工提供服务的年限内平均摊销。

更正分录：

借：长期待摊费用（或预付账款）	2000	
贷：主营业务收入		2000
借：管理费用	200（2000/5×1/2）	
贷：应付职工薪酬		200
借：应付职工薪酬	200	
贷：长期待摊费用（或预付账款）		200

（4）资料（4）中甲公司的会计处理不正确。

理由：资料中信息显示，该业务属于BOT业务，乙公司应于建造期间按照建造合同准则来确认收入和费用，其中建造合同收入应按照应收对价的公允价值计量，同时，确认为无形资产或开发支出。

截至20×2年12月31日，完工百分比为20000÷（20000+60000）=25%

乙公司应确认费用为（20000+60000）×25%=20000（万元）

乙公司应确认收入为20000×（1+10%）=22000（万元）

故更正分录为：

借：主营业务成本（或劳务成本）	20000	
贷：工程施工		20000
借：无形资产（或开发支出）	22000	
贷：主营业务收入		22000

或：

借：主营业务成本（或劳务成本）	20000	
工程施工——毛利	2000	
贷：主营业务收入		22000
借：无形资产（或开发支出）	22000	
贷：工程结算		22000

致谢

注册会计师考试是国内最权威、影响力最广泛、难度也是最大的全国统一考试之一。为了帮助大家更加方便和有效地应考,我们编写了这套真题解析。在过去的基础上,我们又增加了2017年考试真题及解析,更加突出针对性练习。

这套真题解析用于考前几个月的最后冲刺。CPA考试涉及的知识点很多,不仅需要牢记,更需要融会贯通,建立自己完整的知识构架,理清各知识点之间的内在关系,并自如地付诸实践运用,而不是一味背书式的机械记忆,同时特别考验运用的熟练度。在最后应考复习时尤其需要突出难点和重点,努力更有效地多抓分,不丢分,确保成功过线。

参加本套试题解析编写的有欧阳慧、张燕、白庆涛、佘洪发、李彩英、张齐月、李雁玲、袁代银、徐建昆、岳广春、佟明立、夏胜科、胡茂良、邹福胜、夏科文、吴火平、谷长红,另外崔爱廷、王礼应、刘奎东、蔡声鹤、胡从洲、董云雄、周小华、寇鲜红、杨昌军、夏世炎、邹金球等也为本套丛书编写等工作给予了大量支持,做出了自己的贡献。

在此一并致谢!

编者

2017年12月